KB064378

> "읽기는 쓰기의 기초이며 쓰기는 읽기의 연장이다.
> 읽기와 쓰기는 본래 하나이며 서로 보완하는 개념이다.
> 양쪽 모두 균형 있게 공부해야 좋은 성과를 거둘 수 있다."
>
> - 마크 트웨인 -

아이의 평생공부를 결정짓는

초등 책 쓰기 혁명

플랫폼연구소

새로운 시대엔
책 쓰기가 최고의 공부다

"나는 무언가를 제대로 알고 싶을 때 책을 쓴다. 책을 쓰다 보면 내가 무엇을 알고 무엇을 모르는지가 명확히 드러난다. 집필 과정에서 나 또한 배워가는 것이다."

EBS 다큐멘터리 〈최고의 교수〉 편에 소개된 예일대학교 샹커 교수의 말이다. 책 쓰기가 최고의 공부인 이유가 바로 이것이다. 이제 책 쓰기는 선택이 아닌 필수다.

이제 한국도 초등학생들이 너나 할 것 없이 '쓰기'에 빠져야 한다. 이제 한국의 초등학생도 책 쓰기를 시작해야 한다. 한국의 많은 교육자가 독서를 강조한다. 너나 할 것 없이 독서 예찬론자다. 좋다. 너무 훌륭하다. 하지만 우리가 한 가지 간과한 것이 있다. 바로 책 쓰기의 교육적 성과다.

예일대학교 샹커 교수뿐 아니다. 미국은 이미 책 쓰기의 위력을 잘 안다. 그래서 위대한 학자일수록 책 쓰기를 강조하고 또 강조한다. 책 쓰기를 강조하지 않고 오직 독서만 강조하는 나라는 한국뿐이다. 한국은 아직도 책 쓰기 후진국이다.

한국은 책 쓰기를 등한시하고, 책 쓰기가 어른만의 전유물인양 착각하고 있다. 그 착각의 대가는 혹독하다. 공부를 잘하는 아이들은 차고 넘치고, 세계적인 박사들도 차고 넘치는 나라이지만, 학문 분야 최고의 상인 노벨상을 받는 학자들은 상대적으로 너무나 적은 이상한 나라가 되어버렸다.

독서 역시 훌륭한 공부이지만, 독서로는 절대 넘지 못하는 한계가 있다. 많은 사람이 이 사실을 간과한다. 책 읽기의 수준에서 벗어나 쓰기를 한 이들은 모두 위대한 학자이자 철학자, 사상가, 발명가, 혁신가가 되었다는 사실을 말이다.

얼마나 많은 양의 책을 읽느냐가 중요한 것이 아니다. 단 한 권의 책이라도 쓸 수 있는 아이는 생각이 다르고, 차원이 다르고, 수준이 다르다. 이것이 책 쓰기의 성과다.

다산 정약용, 마키아벨리, 링컨, 레오나르도 다 빈치, 버락 오바마, 찰스 다윈, 프로이트, 에릭 호퍼, 이순신을 비롯한 위대한 인물들은 누구보다 쓰기를 평생 했던 이들이고, 무엇보다 책 쓰기를 잘하는 사람들이었다. 이들이 처음부터 훌륭한 능력자들이어서 책 쓰기를 잘했던 것이 아니다. 오히려 그 반대다. 남들보다 책 쓰기를 좀 더 빨리 시작했고, 좀 더 많이 했기 때문에, 남들보다 사고력과 창의성이 뛰어난 인물이 된 것이고, 책 쓰기를 통해 누구보다 더 빨리, 누구보다 더 크게 성장할 수 있었던 것이다.

찰스 다윈은 평생 책을 썼다. 그가 발표한 논문은 무려 119편이다. 그가 그 논문을 썼기 때문에 위대한 학자로 도약할 수 있었다고 나는 생각한다. 또, 심리학의 거장이며, 정신분석학의 창시자인 프로이트도 평생 책을 썼다. 그것도 엄청 많이 말이다. 그는 평생 650편의 논문을 발표했다. 다산은 18년 동안 500여 권이라는 엄청난 양의 책을 썼다. 그 책을 쓰면서 그는 천재로 도약했다. 천재였기 때문에 책을 많이 쓸 수 있었던 것이 결코 아니다.

정규 교육도 제대로 받지 못했던 마키아벨리, 링컨, 레오나르도 다빈치, 에릭 호퍼를 위대한 인물로 도약시킨 것은 그들이 스스로 시작한 책 쓰기였다. 책 쓰기가 그들을 성장시켰고, 정규 교육이 주는 힘을 뛰어넘게 해주었다. 한마디로 책 쓰기보다 더 좋은 공부 도구, 성장 도구는 없다.

그러므로 이제는 독서에 편중된 공부 방식에서 벗어나야 한다. 최고의 공부는 책 쓰기다. 우리 아이들에게 책 쓰기를 가르쳐야 한다. 책 쓰기만큼 사고력을 향상시키고, 스스로 생각하고 창조하는 힘을 길러주는 것은 없다. 이 책이 말하고자 하는 것이 바로 이것이다.

눈에 잘 보이지 않는 미세한 차이, 책 쓰기의 성과를 무시하고, 책 쓰기를 소홀하게 생각하면 큰 성장을 할 수 없다.

초등학생들이 책 쓰기를 어린 나이에 빨리 시작해 평생 한다면 그 아이들의 지적 성장은 물론 인생의 성공 역시 보장될 것이다. 아이들은 쓰는 만큼 성장하고 도약하기 때문이다. 책 쓰기 강국인 미국이 최강대국인 이유도 분명하다. 책 쓰기는 개인과 나라를 모두 성장시킨다.

이제 한국의 초등학생에게도 책 쓰기 혁명이 필요한 시대가 왔다. 물론 지금 시작해도 약간 늦은 감이 있지만, 지금이라도 시작해야 한다.

책 쓰기를 시작해 하는 아이와 공부만 하는 아이 사이에는 큰 격차가 생긴다. 필자는 '책 쓰기 격차'라는 말을 처음 사용했다. 책을 쓰지 않는 사람과 쓰는 사람 사이에는 사회적인 지위, 신분, 부와 성공 사이의 큰 격차가 발생한다는 이론이다. 이런 '책 쓰기 격차'가 실제로는 "초등학생 때부터 책 쓰기를 시작했느냐 안 했느냐"에서 출발한다는 사실은 무서운 이야기가 아닐 수 없다.

필자 역시 많은 아이가 그러하듯 초등학생 때 하루도 빠지지 않고 매일 일기를 쓴 적이 있다. 어쩌면 그것이 지금의 나를 만드는 데 초석이 되었는지도 모른다. 초등 책 쓰기 혁명이 가능한 나라라는 점에서 한국의 성장동력은 한국인의 한 사람으로서 자부심을 느끼기에 충분한 것 같다.

그리고 초등학생들이 책 쓰기를 시작한다면, 이 나라의 미래는 더욱더 확고해질 것이 분명하다. 우리는 도스토옙스키의 이 말을 명심하고 또 명심해야 한다.

"한 인간의 존재를 결정짓는 것은 그가 읽은 책과 그가 쓴 글이다."

_ 도스토옙스키

이 말을 접했을 때 한국의 부모들은 '읽은 책'이라는 표현에만 집중하지만, 더 중요한 것은 '쓴 글'이다. 아이의 평생 공부를 결정짓는 것은 독서가 아니라 글쓰기, 나아가 '책 쓰기'다. 책 쓰기를 통해 인생의 새 장을 열어젖힌 이들은 이미 한둘이 아니다. 이제 당신의 자녀 차례다.

마지막으로 심리학계의 세계적 석학인 하워드 가드너가 우리에게 현대적 교육과 배움에 대해 남긴 경종을 울리는 메시지를 소개하려 한다.

"인간의 가치와 가능성, 창의력을 높여줄 수 있는 배움이란 무엇인가? 이를 위해 우리는 무엇을 어떻게 가르치고 배워야 하는가? 뇌 과학의 발달로 지능과 두뇌 활동의 비밀이 밝혀지고 있지만 현대사회의 교육은 점점 더 기능적으로만 치닫고 있을 뿐만 아니라 파편화된 지식을 무의미하게 쌓아가는 학습방법들이 만연해 있다."

_ 하워드 가드너, <인간은 어떻게 배우는가> 중

그렇다. 한국의 교육은 주입식 공부를 통해 파편화된 지식을 남들보다 더 많이 쌓도록 한다. 이것은 진정한 배움이 아니라 배움의 탈을 쓴 거대한 사기극이다. 이제 아이들에게 진정한 배움의 길을 제시해야 한다. 이에 책 쓰기가 좋은 대안이 될 것이다.

나는 책 쓰기가 왜 최고의 공부이며, 우리 아이에게 책 쓰기를 지금 당장 가르쳐야 할 필요성과 중요성은 무엇인지 이 책을 통해 확실하게 설명할 것이다. 명심하자.

우리 아이에게 책 쓰기만큼 더 좋은 공부는 없다.

_ 대한민국 넘버원 책 쓰기 독서법 학교 김병완 칼리지 교장 **김병완**

제6장
초등 책 쓰기 혁명! 이렇게 시작하라

제7장
행복과 성공으로 가는 마중물, 책 쓰기!

제8장
아이를 위한 최소한의 글쓰기 기술

제9장
아이를 위한 최소한의 책 쓰기 4단계 기술

맺는말

부록

한 인간의 존재를 결정짓는 것은 그가 읽은 책과 그가 쓴 글이다.

- 도스토옙스키

아이는 쓰는 만큼
성장한다

즐거운 글쓰기

우리의 교육 방식은
잘못되었다

2006년 3월 22일.

인류 최초의 트윗이 시작된 날이다.

인류 최초의 트윗은 트위터의 창시자 잭 도로시Jack Dorsey가 쓴 '지금
막 트위터를 만들었다just setting up my twttr'라는 말로 이루어진 트윗이다.

트위터를 통해 사람들은 알게 모르게 하루에도 수십 번씩 인터넷상
에 글을 올리는 라이프 스타일에 익숙해져 갔고, 그것은 앞서 이야기했
듯 매일 글을 쓰고 또 쓰는 새로운 라이프 스타일이 인류에게 생겨났다
는 것을 의미한다. 이와 때를 같이하여 〈뉴욕 타임스〉는 쟁쟁한 역사적
인물들을 뒤로하고, 2006년 올해의 인물로 '당신YOU'을 선정했다. 그 해
가 '인류 최초의 트위터가 시작된 해'라는 점은 우연이 아닐 것이다.

그리고 현재는 인류 최초의 트윗이 시작된 지 14년이나 지났다. 이제는 '쓰기'에 대한 생각을 바꿀 때다. 우리는 모두 '잘못' 생각해왔다.

우리들이 잘못 생각하는 것 중의 하나는 독서에 대한 지나친 의존도다. '독서불패', 독서가 최고의 공부라는 편견과 고정관념이다. 독서에만 편중된 우리들의 의식과 학습법은 미국과 같은 선진국과의 교육격차를 낳았다.

독서만 잘하면 절로 똑똑해지고 현명해질 것이라는 생각은 안일한 생각이다. 선진국의 교육은 절대 읽기만을 강조하지 않는다. 쓰기를 함께 꼭 강조한다. 미국이 대표 사례다. 미국의 명문대에 진학하려 할 때, 쓰기를 못 한다면 절대 학교에 입학할 수 없다.

'독서불패, 독서가 전부라는 생각, 독서에만 편중된 사고방식, 독서가 최고의 공부라는 의식'을 이제 바꾸어야 한다. 시대가 달라졌기 때문이다. 지금은 쓰기의 시대다. 불과 몇 년 전만 해도 책 쓰기는 개인의 인생에 혁명 같은 수단이었다. 책을 쓰기만 하면 그 사람은 더 성장하고 성공하고 도약할 수 있었다. 남보다 훨씬 빨리 나아갈 수 있었다. 하지만 이제는 책 쓰기가 하나의 보편적인 생존 도구다. 누구나 다 하기 때문이다. 사실 그 자리를 오랫동안 차지했던 것은 독서였지만, 이제는 독서의 자리를 책 쓰기가 차지했다. 이 사실을 남들보다 조금이라도 빨리 눈치채야 더 앞서 나갈 수 있다.

또 한 가지, 어른들의 잘못된 생각은 책 쓰기가 어른만의 전유물이라는 편견이다. 왜 책 쓰기를 어른들만 해야 하는가? 책 쓰기는 급변하는 이 시대에 또 다른 공부의 대안이 될 수 있다. 아니, 최고의 공부다.

책 쓰기는 비단 어른에게만 필요한 것이 아니다. 아이에게는 독서하라고 말하면서, 정작 어른인 본인은 독서를 안 하는 것도 문제지만, 아이들에게 책 쓰기를 하라고 권유하지 않는 것은 교육에 대한 이해가 부족한 것이고, 심지어 책 쓰기에 대한 무지의 극치다.

지금까지 우리는 안일하게도 잘못 생각해왔다. 아이라면 그저 독서를 많이 하면 될 것이라고 생각했다. 철저한 착각이다. 우리보다 앞서 나가는 선진국은 아이들에게 반드시 '쓰기'를 강조한다. 읽기보다 쓰기가 더 중요하고, 더 강력한 힘을 발휘하기 때문이다.

관점의 전환이 필요하다. 아이들이 읽기 공부만 해서는 안 된다. 읽기는 쓰기를 위한 보조 도구이자, 과정에 불과하다. 최종적인 종착점은 '쓰기'다. 최고의 공부는 암기나 이해하는 공부가 아니라 새로운 사고를 만들어내는 일이어야 하므로, 독서가 아닌 어쩌면 정반대의 책 쓰기가 정답이다.

책 쓰기는 새로운 사고를 만들어내는 최고의 창조 도구다. 독서에 편중된 우리의 의식을 이제는 바꾸어야 한다. 그래야 희망이 있다.

책,
읽기만으로는 부족하다

"오늘날 대부분의 사람들이 사용하고 있으며 기업인과 정치인들이 크게 의존하고 있는 경제 지도는 아주 큰 지도의 단편이자 세부적인 내용을 담은 화폐 경제만을 보여준다. 그러나 추적되지도 측정되지도 않고, 대가도 없이 대대적으로 경제 활동이 벌어지는 숨은 경제가 있다. 바로 비화폐의 프로슈머 경제이다.

제품, 서비스 또는 경험을 화폐 경제 안에서 팔고자 하는 사람들을 생산자(producer)라고 부르며 그 과정은 생산(production)이라 칭한다. 그러나 비공식 경제, 즉 비화폐 경제 안에서 벌어지는 활동에 해당하는 단어들은 존재하지 않는다. 나는 <제3의 물결(The Third Wave)>에서 판매나 교환을 위해서라기보다 자신의 사용이나 만족을 위해 제품, 서비스 또는 경험을 생산하는 이들을 가리켜 '프로슈머(prosumer)'라는 신조어로 지정했다. 개인 또는 집단들이 스스로 생산(produce)하면서 동시에 소비(consume)하는 행위를 '프로슈밍(prosuming)'이라고 한다."

_ 앨빈 토플러, <부의 미래> 중

세계적인 미래학자인 앨빈 토플러는 아주 오래전에 '프로슈머'라는 신조어를 만들었다. 이런 프로슈머의 개념을 왜 아무도 학교 교육에는 적용할 생각을 하지 않는지 모르겠다. 아주 오래전, 이미 세상은 바뀌었다. 이제는 '프로슈머'의 시대다. 그렇다면 교육도, 공부도 프로슈머처럼 해야 한다. 공부에 있어 진정한 프로슈밍은 바로 책 쓰기다. 책 읽기만으로는 한계가 있고, 부족하다는 사실을 이제 우리는 조금씩 자각하기 시작했다. 우리 아이들이 책을 읽는 것을 넘어, 쓰는 단계로 도약한다면 지적 성장과 공부 성과는 이루 말할 수 없을 정도로 대단히 높아질 것이다.

앨빈 토플러가 자신의 저서 <제3의 물결>을 통해 '21세기는 프로슈머prosumer의 시대'라고 예언했을 때, '프로슈머'란 한마디로 생산자와 소비자의 경계가 허물어진 새로운 인간을 의미했다. 공부에도 바로 생산자와 소비자의 경계를 허물어버리는 새로운 전략과 수단이 필요하다. 그것은 시대적 요구다. 즉, 공부하며 스스로 공부를 만들어내는 새로운 인간은 바로 책 쓰기를 하는 학생들이 될 것이다.

먼저, 초등학생이면서 책을 쓴 아이들이 과연 없을까? 아니다. 이미 적지 않다. 청소년 중에서도 책을 출간해서 어엿한 출간작가로 도약한 이들이 있다. 대표적으로 최근에 15세, 중학교 2학년인 친구가, 미국 뉴욕으로 홀로 유학 가 느낀 경험담 및 생활팁을 한 권의 책으로 정리해 출간했다.

그 책의 제목은 〈15살이 쓴 미국 유학 도전기〉다. 이 책은 부모가 먼저 읽으면 좋은 책이다. 실제로 부모와 자녀가 함께 읽으면 좋은 청소년 추천 도서가 되었다. 출간 즉시 베스트셀러에 오르기도 했고, 네이버 화제의 책에도 소개된 바 있다.

즉, 읽기만 하는 아이와 쓰기도 병행하는 아이가 있다면, 어느 아이가 훗날 더 성장하고, 사고력이 뛰어나지고, 인생을 더 잘 살아갈 것 같은가?

당연히 쓰기를 병행하는 아이다. 당신의 자녀는 지금 어떠한가?

누군가의 지식을 그저 수동적으로 읽고 받아들이고 이해하는 독서에 편중된 학습만 하고 있는가? 아니면 스스로 새로운 지식과 아이디어를 끊임없이 만들어내는 지식생산자이자 개척자이자 창조가로 도약할 가능성을 수반하는 능동적이고 주도적이고 창조적인 공부인 책 쓰기도 병행하고 있는가?

중반부에 이야기하겠지만, 제대로 된 정규 교육도 받지 못했지만 우리 누구나 아는 마키아벨리, 링컨, 레오나르도 다 빈치, 에릭 호퍼 등이 위대한 인물로 도약한 데에는 책 쓰기의 힘이 있었다. 책 쓰기는 독서를 뛰어넘는, 최고의 공부다.

오백 년 조선 역사에 수많은 선비들이 있었지만, 최고라 손꼽히는 이는 단연 다산 정약용이다. 왜 다산 정약용이 후세들에게 최고의 선비로 평가받고 있는 걸까? 무엇이 다산 정약용을 실학을 집대성한 최고의 학자이자, 과학자, 의사, 공학자, 철학가, 정치가로 만들었을까?

바로 다산 정약용에게는 다른 선비들은 하지 않았던, '초서'라는 책 쓰기 무기가 있었기 때문이다. 이 모든 위대한 인물들이 가진 공통점은 오직 책 쓰기다.

책 쓰기는 인생의 하나의 혁명이면서, 동시에 최고의 공부이자, 훌륭한 공부의 대안이 될 수 있다. 이제는 독서가 아닌 책 쓰기로 관심을 돌려야 한다. 책 쓰기를 통해 위대한 인물로 도약하고 성장한 이들은 앞선 예시처럼 한두 명이 아니다.

환경과 시대가
달라졌다

세상이 정말 많이 달라졌다. 코로나로 많이 실감하지만, 그래도 사람들은 이 사실을 잘 모르는 듯하다. 필자는 8년 동안 책 쓰기 학교를 운영하다 보니, 삶의 변화를 민감하게 느낀다. 2020년이 되면서는 예전과 달리 수강생의 변화가 크게 눈에 띄었다.

바로 청소년들이 책 쓰기 수업에 참여한다는 점이 달랐다. 이 사실이 시사하는 바는 적지 않다. 세상의 환경과 시대가 정말 많이 달라졌다는 사실을 말해주기 때문이다.

책 쓰기 강국인 미국은 예전부터 대학교 입학 조건으로 글쓰기 능력을 본다. 오래전부터 글쓰기를 잘하지 못하면 아무리 성적이 좋아도 절대 입학할 수 없는 곳이 바로 미국 명문대였고, 대표적인 학교가 하버드대학이다.

한마디로 글쓰기 능력이 없으면 그 어떤 미국 대학에도 입학할 수 없다. 그것이 미국이 초강대국으로 도약하고, 아직도 세계 최강대국이라는 지위를 유지하는 비결인 것이다.

조선시대 문화가 일본보다 더 앞설 수 있던 비결 중 하나도 글쓰기가 포함된 과거시험 제도에 있다. 최고의 공부는 글쓰기이며, 글쓰기를 잘해야 한다. 글쓰기를 잘하는 사람은 누구보다 사고력이 유연하고 높다.

만약 한국이 해방 이후부터 초등학교 교과 과정에 글쓰기를 포함했더라면 지금 우리 한국은 미국을 뛰어넘는 초강대국이 되어있었을 수도 있지 않았을까? 지금이라도 늦지 않았다. 초등학교 교과 과정에 '책 쓰기' 과목을 신설하면 너무나 큰 세상의 혁명이 일어날 것이다.

책 쓰기는 그 어떤 공부보다 강력하다. 시대와 환경이 그만큼 변화했다. 인공지능 시대이고, 빅 데이터 시대다. 그래서 더더욱 필요해진 것이 책 쓰다. 기존의 지식을 단순히 암기하고 이해하고 그로부터 무엇인가를 만들어내는 일은 사실 인공지능이 더 잘할 수 있다. 하지만 '새로운' 생각과 아이디어, 지식을 만드는 힘은 인간에게만 있다. 그리고 이것을 더 잘하도록 돕는 것이 책 쓰기다. 인공 지능 시대에 책 쓰기가 더 필요한 이유다.

필자는 〈책 쓰기 혁명의 시대〉라는 책을 통해 이 시대의 큰 변화 중 하나인 책 쓰는 인류인 '호모 스크립투스'의 탄생을 최초로 세상에 알렸다.

"지금 이 시대만큼 평범한 사람들이 매일 자주 많이 글쓰기를 하였던 시대는 인류 역사상 단 한 번도 없었다. 즉 이 시대의 인류는 또 한 번의 도약과 변화를 몸소 실천하고 있는 인류이다. 그리고 그것은 '글 쓰는 인간' 즉, 호모 스크립투스의 출현인 것이다."

_김병완, 〈책 쓰기 혁명의 시대〉 중

〈책 쓰기 혁명의 시대〉는 '글 쓰는 인류'인 호모 스크립투스Homo scriptus라는 신인류의 등장을 제창한 최초의 책이다. 이 책을 통해 호모 스크립투스라는 용어가 세상에 처음 등장했다. 인류학자도 아니고 그 어떤 분야의 학자도 아닌 평범한 사람이 이런 용어를 세상 최초로 만들어 알릴 수 있던 것은 바로 책 쓰기의 힘 덕분이다. 책 쓰기를 하는 사람은 이처럼 학자도 될 수 있고, 과학자도 될 수 있고, 의사도 될 수 있고, 정치가도 될 수 있고, 철학자도 될 수 있다. 이 모든 것을 이미 다산 정약용은 책 쓰기를 통해 이루었다. 필자처럼 평범한 사람이 인류학자만이 할 수 있는 세대학적인 변화를 읽고, 말할 수 있는 이유 역시 책 쓰기가 특별한 힘을 갖고 있기 때문이다.

또한 시대가 바뀌었기 때문이기도 하다.

이제 새로운 시대가 되었다. 그 새로운 시대를 대표하는 인류는 호모 사피엔스도, 호모 에렉투스도 아닌, 신인류 호모 스크립투스다.

특별한 직업을 가진, 즉 작가나 학자 같은 이만이 글을 쓰고 책을 출

1장 ● 아이는 쓰는 만큼 성장한다

023

간하는 시대를 지나 평범한 많은 사람이 일상으로 글을 쓰는 시대가 되었고, '호모 스크립투스'란 이러한 시대를 살아가는 신인류를 지칭한다. 새로운 시대, 새로운 인류의 탄생을 알린 것이다.

이제부터 펼쳐질 이 시대는 인류 역사상 그 어떤 시대보다도 더 많은 사람이, 더욱더 평범한 사람이 매일 글을 쓰고, 그것을 다양한 형태로 세상에 내놓는 시대일 것이다.

새로운 시대가 도래하면서 형성된 트위터, 페이스북, 블로그를 통해 이제는 평범한 사람조차 매일 글을 쓰고, 그 글이 타인에게 표현되고, 세상에 알려지는 개방형 시대가 되었고, 과거보다 훨씬 더 많은 평범한 사람이 알게 모르게 글을 쉽게 쓴다.

알겠지만 과거에는 특별히 지식이 뛰어난 학자나 천재들만 글을 쓰고, 세상에 책 혹은 논문이라는 형태로 내놓았다. 작가의 세계도 이와 다르지 않았다. 특별히 상상력이 뛰어난 사람이나 문장력이 뛰어난 사람만이 자신의 세계를 시나 소설의 형태로 표현해 글을 쓰고, 그것을 세상에 내놓았다. 하지만 이제는 정말 평범한 모든 사람이 자신의 생각과 의견을 글로 표현하고, 그것을 거침없이 세상에 내놓는 시대가 되었다. 바로 우리가 '호모 스크립투스', 즉 '글을 쓰는 인간'인 것이다.

이런 새로운 시대에 언제까지 과거에 집중했던 독서에 편중된 교육 방식만을 강조할 것인가? 이제는 '책 쓰기'의 시대다. 책 쓰기 교육의 시대를 활짝 열어야 한다. 왜 책 쓰기 교육이 화두가 되어야 할 정도로 중요할까?

필자는 책 쓰기의 위력과 영향력을 지난 10년 동안 온몸으로 경험했다. 잘 쓴 책 한 권은 평생 살아가는 데 든든한 버팀목이자 밑천이 되고, 매일 책의 일부를 쓰는 습관은 평생 공부의 바탕이 되어줄 정도로 강력하다.

조금 과장해 만약 우리 아이들에게 부모가 책 쓰기를 가르치지 않는다면 나중에 아이들이 부모를 원망할지도 모른다. 독서는 한물갔다. 이제는 책 쓰기의 시대다.

"인생 뭐 있어?"라는 말만 계속 되풀이하면서 어제와 별반 다를 바 없는 인생을 살아가는 평범한 사람들일수록 지금 당장 책 쓰기에 도전해야 한다. 인생을 바꾸는 데 책 쓰기만큼 강력한 것은 없기 때문이다. 어제와 다를 바 없는 지긋지긋한 인생에서 책 쓰기만큼 빠르고 놀랍게 벗어날 수 있게 해주는 것은 없다. 위대한 사람, 잘난 사람, 재주 있는 사람만이 책 쓰기를 할 수 있는 것이 아니다. 오히려 그렇지 못한 사람이기에 책 쓰기를 통해 더 쉽게 그런 사람이 될 수 있고, 자신의 한계를 넘어설 수 있다.

- <김병완의 책 쓰기 혁명> 중

제 2 장

책 쓰기에 대한
편견을 깨라

즐거운
글쓰기

책 쓰기는
어른의 전유물이 아니다

앞서 말했듯 지금은 누구나 작가가 되는 '책 쓰기 혁명'의 시대다. 놀라운 일이 벌어진 것이다. 평범한 직장인이 책을 쓰고, 70대 어르신이 거뜬하게 책을 쓰고, 평범한 가정주부가 책을 쓰고, 군인이 책을 쓰고, 간호사도 책을 쓰고, 교사도 책을 쓴다. 어떻게 된 일인가?

놀라운 일이지만 현실이다. 이제는 책 쓰기가 일상이자 대세다.

많은 이들이 책 쓰기가 가져다주는 특권과 기쁨과 위력을 실감한다. 내 강의를 들은 사람 중에서도 평범한 가정주부가 우연히 시작한 책 쓰기 수업을 통해 작가가 되었다. 그것도 베스트셀러 작가가 되어, 지금은 수천 명을 이끄는 독서 전문가로 강의를 한다. 게다 인기 강사가 되었다.

한 권의 책에는 상상 이상의 큰 힘이 있다. 남들보다 조금 의식이 높은, 혹은 발 빠르게 움직이는 앞선 이들은 모두 책 쓰기에 주목하고 있다. 이미 책을 출간한 출간 작가들도 넘쳐나는 실정이다. 하지만 이러한 상황임에도 우리가 책 쓰기에 대해 가지는 고질적인 편견 하나가 있다. 무엇일까?

성공한 사람, 똑똑한 사람, 능력 있는 사람만 책을 쓸 수 있고, 쓴다는 고정관념은 이제 어느 정도 사라졌다. 하지만 더 큰 고정관념이 하나 남았다. 그것은 바로 아이들은 책을 쓰면 안 된다는, 혹은 하기 어렵다는 편견이다. 책 쓰기에 대한 편견과 고정관념 중에 가장 큰 걸림돌이자 문제가 바로 이것이다.

책 쓰기에 대한 편견과 고정관념을 깨기 위해 필자는 〈김병완의 책 쓰기 혁명〉이라는 책을 아주 오래전에 출간한 바 있다. 이 책을 읽고 많은 사람이 충격을 받고, 덕분에 편견과 고정관념에서 벗어났다. 심지어 어떤 기성 작가가 읽고 큰 충격을 받았다는 말을 필자가 책을 통해 읽은 적도 있다.

그만큼 책 쓰는 아이를 만들기 위해서는 무엇보다 책 쓰기에 대한 의식 혁명이 먼저 필요하다. 특히 아이들보다 먼저 부모들에게 말이다. 그래서 필자의 〈책 쓰기 혁명〉에 포함된 가장 중요한 내용들을 여기에서도 함께 많이 언급하려 한다. 왜냐하면 이 책 역시 책 쓰기 혁명의 2탄 격이며, 초등학생을 위한 책 쓰기 혁명 책과 다를 바 없기 때문이다.

"인생을 그저 사는 게 아니라 잘 살기 위해서는 뭔가 다른 것이 있어야 한다. 자신의 삶을 업그레이드시켜줄 수 있는 조용한 혼자만의 시간이 필요하다. 그리고 삶의 속도보다는 방향을 잡아줄 수 있는 성찰의 시간이 필요하다. 그리고 자신의 생각을 가다듬을 수 있는 생각 정리의 시간이 필요하다. 나는 이러한 시간들을 가장 효과적으로 만들어낼 수 있는 행위가 바로 '쓰기'라고 생각한다. 쓰기를 시작한 후 인생이 달라졌다고 말하는 사람들이 적지 않다. 쓰기를 통해 우리의 인생이 혁명처럼, 기적처럼, 마법처럼 바뀔 수 있는 가장 큰 이유는 무엇일까? 그 질문에 대해 나는 이 세상의 모든 답은 이미 우리 안에 있기 때문이라고 말하고 싶다. 이미 우리 안에 있는 답을 찾기 위해서는 머릿속의 복잡한 생각의 끈을 분명하게 매듭짓고, 진짜 자신을 발견하고, 내면에 있는 답을 끄집어내야 한다. 바로 그러한 행위가 '쓰기'인 것이다."

_ 김병완, <김병완의 책 쓰기 혁명> 중

책 쓰기는 어른들에게만 필요한 것이 절대 아니다. 오히려 세상에 눈을 뜨고, 많은 호기심과 지적 성장이 도약하는 변혁의 시기인 초등학생 시절에 더 필요한 일이다. 책 쓰기를 할 경우 가장 많이 성장하고 도약하는 시기가 초등학생 시기이기 때문이다.

한마디로 지금 우리 아이들은 단단히 잘못된 공부를 하고 있다. 암기하고 이해하고 그저 정해진 타인의 지식을 배우고 집어넣기 바쁘다. 과연 이것이 진정한 공부일까?

진정한 공부는 남의 것을 집어넣는 것이 아니라, 자신만의 새로운 지식과 아이디어를 만드는 것이다. 그런 점에서 책 쓰기는 어른에게도 필요하지만, 오히려 초등학생들과 청소년들에게 더 필요하다.

명심하자. "책은 누구나 쓸 수 있다"는 것을.

그런데도 당신이 지금 책을 쓰지 못한다면 그 이유는 당신이 책을 쓰지 못하는 사람이기 때문이 아니라 책을 쓸 생각을 하지 않기 때문이다. 또, 아이들에게 책 쓰기를 가르치려는 생각을 한 번도 해보지 않았기 때문이다. 결국 생각이 부재했기 때문이다.

우리가 살아가는 이 시대는 누구나 책을 쓸 수 있는 시대다. 누구나 마음만 먹는다면 지금 당장 책을 쓸 수 있다. 그리고 몇 개월 후면 한 사람의 이름으로 된 책이 이 세상에 탄생할 것이다. 즉, 책을 쓴다는 것은 이제 능력이나 성취의 문제가 아니라 선택의 문제다. 당신이 책을 쓰겠다고 결심하고 선택만 한다면, 책을 쓸 수 있다.

하지만 부모인 당신보다 자녀의 책 쓰기가 더 중요한 이유는 책 쓰기가 최고의 강력한 공부이기 때문이다. 부모인 당신이 책 쓰기를 해서 더 성공하고 부자가 되어 좋은 교육환경을 제공할 수 있지만, 자녀인 당신의 아이가 직접 책 쓰기를 시작하면 더 위대한 인생을 살아내는 훌륭한 인물로 성장할 수 있다. 즉, 부모인 당신도 해야 하지만, 당신의 자녀에게 더 필요한 것이 책 쓰기 교육이다.

책 쓰기가
최고의 공부다

"하버드 대학교 교육학 교수 리처드 라이트는 '똑같은 능력의 하버드생인데도 왜 어떤 학생은 성공적인 대학생활을 하고, 또 어떤 학생은 실패하게 될까?'라는 의문을 품었다. 그는 16년 동안 하버드 학생 1,600명과의 인터뷰를 통해 하버드생들의 대학생활 성공비결을 밝혀냈다. 그리고 그것을 몇 가지로 요약해서 말했다. 놀랍게도 그중 하나가 바로 '글쓰기에 전념한다'이다. 그는 글쓰기는 성공의 키포인트라고 말한다. 내가 한국에서 대학교에 다닐 때 4년 동안 글쓰기를 한 적이 한 번도 없었다는 것을 생각해볼 때 무척 놀라운 사실이 아닐 수 없다. 미국의 학생들은 정규교육 과정에서 이미 쓰기에 대해 배우고 또 배운다. 아마도 이골이 날 지경일 것이다. 그런데 그렇게 배우고 나서도 또 다른 글쓰기의 관문을 통과해야 한다. 대학 입학시험에서 가장 중요한 과목이 글쓰기인 에세이기 때문이다. 대학교에 입학을 해서도 마찬가지다. 가장 많이 신경을 써야 하는 과목이 글쓰기다."

_ 김병완, <김병완의 책 쓰기 혁명> 중

미국이 책 쓰기 강국이며, 최고의 세계적 명문대인 하버드 대학교에서도 글쓰기 과목을 매우 중요시한다는 사실을 처음 알았을 때 충격이었다. 사실 큰 문화 격차였다. 세계 최고의 선진국은 달라도 달랐다. 주입식 교육, 이해 중심의 교육이 아니었다. 새로운 것을 창조하는 교육이었다.

무엇인가를 쓴다는 것은 무에서 유를 창조하는 것이며, 이전에 없던 것을 만든다는 것을 의미한다. 문장을 쓴다는 것은 결국 창조를 의미하기 때문이다. 그런 점에서 책 쓰기는 정말 최고의 공부다. 특히 모든 것을 새롭게 배우고 성장하는 폭발하는 잠재력을 지닌 초등학교 시절에 책을 쓴다면, 그것이야말로 최고의 지식 공부와 다름없다.

독서만 많이 하는 아이와 한 권이라도 책을 쓰는 아이의 격차는 말할 수 없을 정도로 엄청나다. 한 권의 책 쓰기는 수백만 권의 독서 경험에 버금간다. 그러므로 책 쓰기는 최고의 공부다.

"글쓰기는 책 읽기와 본질적으로 다르다. 책 읽기는 누군가가 시작한 것에 호응해주는 관객과 같은 역할이다. 하지만 책 쓰기는 내가 무대 위에서 연극을 해야 하는 배우가 되어야 한다. 또한 그 연극을 전체적으로 만드는 연출자가 되어야 하고, 시나리오 작가가 되어야 한다. 그런 점에서 볼 때, 읽기보다 한두 단계 위에 있는 것이 바로 쓰기다. 바로 이런 차이 때문에 100권의 책을 읽은 사람보다 그 분야와 관련된 책 한 권을 쓴 사람이 더 전문가 대접을 받는 것이다. 이것은 당연한 이치다."

_위의 책

당연한 이야기다. 독서와 책 쓰기는 본질적으로 다르다. 독서는 수용이다. 책 쓰기는 창조다. 독서는 관객이 되는 것이고, 책 쓰기는 연출자가 되는 것이며, 시나리오 작가가 되는 것이다. 차원이 다른 행위다.

시대가 바뀌면서 달라지는 것 중의 하나는 그 시대를 대표하는 패러다임paradigm이다. 이 말을 최초로 사용한 사람은 〈과학혁명의 구조〉의 저자이자 철학자였던 토머스 쿤이다.

패러다임이란 개념은 한 시대를 지배하는 생각, 사고, 관념, 가치관, 이론, 관습, 과학적 인식 등과 같은 것들이 모두 결합된 총체적인 틀 또는 개념의 집합체를 의미한다. 과학자들의 연구와 공부가 축적되면 과거의 패러다임이 차츰 부정되고 새로운 패러다임이 경쟁적으로 나타나면서 과학혁명이 일어난다. 패러다임의 개념은 자연과학뿐만 아니라 다양한 학문 분야, 심지어 오늘날에는 거의 모든 사회현상을 정의하는 개념으로 확대되어 사용된다.

필자의 아버지 시대는 산업화 시대였다. 그분들은 60년대와 70년대를 이끌어 오셨다. 그 당시 산업화 시대에서 가장 중요한 것은 대량 생산mass product이었다.

남들보다 더 많이, 더 빨리 만드는 회사가 더 많은 부를 차지하는 단순한 시대이기도 했다. 그래서 그 당시를 치열하게 살았던 어른들의 몸과 마음에는 '열심히' 하는 것이 최고의 미덕이고, 생존 전략이라는 의식구조가 있다.

반면, 80년대와 90년대를 살아온 386시대 세대들은 지식 정보화 시대를 살았다. 지식 정보화 시대에서 가장 중요한 것은 정확한 지식, 정확한 정보, 정확한 솔루션이다.

그래서 이 시대의 주역들은 모두 '열심히' 하는 것보다 '잘하는' 것이 중요한 생존 전략이라는 패러다임을 갖고 있다. 이 시대를 주도했던 키워드는 한마디로 '프로페셔널, 전문가, 지식인, 학자, 기술사' 등이었다. 즉, 한 분야에서 최고가 되면 최고의 부와 성공을 얻을 수 있는 시대로 대변된다. 최고가 된다는 것이 가장 '정확히', 가장 '잘'하는 사람을 뜻하기 때문이다.

이렇게 정확하고 잘하는 사람은 결국 구체적이고 논리적인 사람, 숲이 아닌 나무를 볼 줄 아는 좌뇌형 사람들이었다. 정확히 이해해서 남들에게 잘 전달해줄 사람이 되기 위해서는 기억력이 좋고, 암기를 잘해야 했고, 그런 사람이 부와 성공을 얻었다.

이런 시대에 맞는 공부가 지금까지의 공부, 독서에 편중된 공부였다. 지식을 더 많이 배우고 가진 사람이 성공하는 시대였다.

하지만 지금의 2020년대로 넘어오면서 앞으로는 지식과 정보가 중요한 시대가 아니라 감성과 이미지, 창조와 혁신이 더 중요한 감성의 시대, 이미지의 시대, 창조의 시대, 혁신의 시대가 되어가고 있다.

이렇게 시대가 급변하고 패러다임이 달라지기 때문에, 우리 아이들의 공부 역시도 방법과 목표를 달리해야 한다. 시대가 바뀌면 공부의 성격도 달라져야 한다. 하지만 한국의 교육은 달라지지 않고 있다. 부모들도 달라지지 않고, 성장하지 않고 있다.

시대가 얼마나 급변하고 있으며, 모르는 새 이미 급변하는지 위대한 학자들을 통해 충분히 예측하고, 인식할 수 있다. 그렇다면 위대한 학자인 앨빈 토플러, 다니엘 핑크는 과연 시대의 변화에 대해서 어떤 이야기를 했을까?

미래학자 앨빈 토플러는 '보이는 자산보다는 보이지 않는 것이 중요하다'라고 말한 적이 있다. 또 다른 세계적인 미래학자인 다니엘 핑크는 자신의 저서인 〈새로운 미래가 온다〉를 통해 이제는 하이콘셉트, 하이터치의 시대가 오고 있다고 말했다.

> "바야흐로, 풍요, 아시아, 자동화란 3가지 요소의 영향력이 확대되면서 3막의 커튼이 올라가고 있다. 이른바 하이콘셉트, 하이터치의 시대다. 3막의 주인공은 우뇌형 사고를 지닌 사람들이다. 이들은 창작자 및 다른 사람에게서 감정적인 공감을 이끌어낼 수 있는 능력의 소유자들이다."
>
> _ 다니엘 핑크, <새로운 미래가 온다> 중

한마디로 이제는 똑똑한 사람들보다 감성적이고, 새로운 것을 자꾸 창조해내고, 변화를 주도하는 사람이 시대의 주인공으로 부상한다. 이런 사실을 좀 더 적확하게 알려주는 사례가 산업화 시대의 산물이기도 했던 자동차 회사 GM의 경영 전략이다. GM의 부회장인 로버츠 루츠 _{Robert Lutz}는 자동차를 만들지만 회사가 예술적 사업을 한다고 생각한다고 말했다.

> "우뇌적인 접근법을 좀 더 사용할 것입니다. 나는 우리 회사가 예술적 사업을 하고 있다고 생각합니다. 자동차란 엔터테인먼트이자 움직이는 조각품인 동시에 수송수단의 역할을 하기도 합니다."

_위의 책

결국 이 시대가 요구하는 사람은 전문지식과 기술을 남들보다 많이 가진 똑똑한 사람이 아니라, 감성을 자극하고 터치하는 사람, 남과 다른 무엇인가를 자꾸 만들어낼 수 있는 혁신과 창조능력이 뛰어난 사람이다. 그렇기 때문에 우리 아이들의 공부 역시도 바뀌어야 한다. 지금까지는 독서가 최고의 공부였지만 모든 것이 달라졌다. 이제는 최고의 공부가 책 쓰기다.

왜? 시대가 달라졌기 때문이다.

바로 지식 정보화 시대가 아닌 창조와 개혁의 시대이기 때문이다.

초등학생 때
쓰기 시작하라

인생은 매우 짧다. 그중에서도 성장과 발전의 시간은 더 짧다. 그러므로 그 시간을 가치 없고, 효과 없는 공부를 하는 데 낭비해서는 안 된다. 그리고 효과 있고, 가치 있는 공부로는 책 쓰기를 능가하는 것이 없다.

초등학생 시절은 가장 많이 자아정체성이 형성되는 시기다. 어휘량이 폭발하고, 사고력과 표현력이 급성장하는 시기다. 세상에 눈을 뜨는 시기다.

이렇게 중요한 시기에 수용하는 방식의 소극적인 공부, 독서만 하는 아이와 적극적으로 자신의 생각을 만들고 다듬어, 심지어 무에서 유를 창조하는 책 쓰기를 하는 아이 사이에는 어마어마한 격차가 발생한다. 그 차이는 초등학교 공부 성적에만 영향을 주는 것이 아니라, 평생의 삶의 수준과 성공 정도에 영향을 끼친다.

책 쓰기를 초등학생 때 시작하는 아이와 어른이 되어서 시작하는 아이, 심지어 어른이 되어서도 책 쓰기를 하지 않는 아이 사이에는 정말 큰 차이가 발생한다. 당신의 자녀들이 리더가 되기를 원한다면, 책 쓰기를 시작해야 한다. 자율적이면서도 주체적으로 자신의 인생을 개척하고, 성공하는 삶으로 성장하기를 바란다면 반드시 초등학생 때 책 쓰기를 시켜야 한다. 책 쓰기는 인생의 격을 만든다.

책 쓰기만큼 아이들의 사고력을 향상시키고, 표현력 신장에 도움을 주고, 창조성을 자극하는 도구는 없다. 독서만으로는 이 모든 것이 너무나 수동적이고, 제한적이다. 하지만 책 쓰기는 다르다. 한계 없이 상상력을 자극한다. 어마어마한 공부가 된다.

필자가 전국의 대기업과 관공서, 도서관을 다니면서 독서법 특강과 책 쓰기 특강을 할 때 가장 많은 분이 하는 질문은 이것이었다.

**"우리 아이들이 어떻게 독서를 많이 하게 만들 수 있을까요?
작가님처럼 만 권을 읽게 만드는 방법은 없나요?"**

필자는 이런 질문을 들을 때마다, 부모님들에게 솔직하게 대답했다.

"독서를 통해서 인생을 바꾸어야 할 사람은 자녀가 아니라 부모님입니다.
부모님이 먼저 독서를 만 권 하시고, 먼저 인생을 바꾸시면 됩니다.
그러면 아이들은 저절로 따라옵니다."

그렇다. 독서를 통해 인생을 바꾸어야 할 사람은 자녀가 아니라 부모다. 나는 부모가 먼저 '독서'를 해야 한다고 강조했다. 하지만 '책 쓰기'라면 이야기가 다르다.

책 쓰기는 독서와 다르다. 책 쓰기는 진짜 큰 공부가 된다. 공부가 절실하게 필요하고, 가장 빨리 필요한 사람은 부모가 아니라 아이들이다. 그러므로 책 쓰기는 부모보다 아이들이 먼저 해야 하는 것이다. 다만 부모가 먼저 독서에 솔선수범해야 한다고 말하는 이유는, 책 쓰는 아이들을 지도할 사람이 부모이기 때문이다.

책 쓰기는 많은 점에서 독서와 다르다. 그래서 필자는 아이들에게 독서를 강요하지 말라고 이야기했다. 솔직한 견해가 그렇다. 독서법 창안자이자 독서법 코치로 대한민국 성인 5,000명에게 퀀텀 독서법 수업을 지도한 사람으로서의 견해다. 물론 독서도 책 쓰기와 마찬가지로 누가 해도 좋고, 인생을 바꾸며, 유익한 것이라는 사실에는 변함이 없다.

하지만 '책 쓰기'를 어른이 할 때와 아이가 할 때는 그 성격이 달라진다. (독서는 성격이 달라지지 않는다.) 독서를 하면 아이나 어른이나 성장하지만, 그 성장의 폭이 '어린 시절의 책 쓰기 훈련'보다는 제한적이다. 하지만 책 쓰기는 아이가 했을 때, 말했듯 최고의 공부이며 성장 도구가 되고, 아이를 더 큰 어른으로 성장시켜 준다.

책 쓰기는 초등학생 때 시작하는 것이 좋다. 초등학생 때 책 쓰기를 시작한 아이는 사고력이 남들과 다르고, 표현력이 다르고, 생각의 깊이와 넓이가 달라진다. 더 큰 어른으로 성장한다.

학원 공부보다
책 쓰기가 열 배 더 좋다

학원 공부를 시키는 것보다 책 쓰기가 열 배 더 좋은 학습이다. 가장 좋은 점은 책 쓰기에는 돈이 들지 않는다는 것이다. 노트북이나 컴퓨터만 있으면 된다. 하다 못 해 스마트 폰이나 공책만 있어도 좋다.

학원 공부에는 정말 많은 돈이 필요하다. 집안 형편이 넉넉하지 않다면 아이들에게 좋은 학원에 다닐 비용을 제공하기 힘들 수 있다. 하지만 책 쓰기는 공평한 출발선을 제공한다. 지금 당장 집에서 시작하면 된다.

그러므로 학원 공부에 들어가는 많은 시간, 에너지, 돈을 책 쓰기에 활용해보자.

게다 학원 공부는 아이들을 수동적으로 만든다. 힘들고 지치게 한다. 하지만 책 쓰기는 아이들을 능동적으로 만들고, 주체로 만든다. 아이들이 신나게 만든다.

우리의 학창 시절, 미술 시간이 즐거운 시간이었던 이유가 바로 이것이다. 무엇인가를 능동적으로 만드는 시간이었기 때문이다. 무엇을 할 때 주도적이고 능동적으로 참여하면 그만큼 덜 지치는데, 더해 창작의 희열까지 느낀다.

책 쓰기는 경제적으로 취약한 가정의 아이들도 충분히 할 수 있는 이점이 지닌 평등한 공부 수단이다. 어른의 경우라면 '책 쓰기 전문훈련'이 필요할지 모르지만, 아이들의 경우 그 어떤 값비싼 도구나 학원의 도움이 필요하지 않다.

어른들의 경우에는 좀 더 빨리, 좀 더 쉽게, 자신의 본업을 하면서 남는 시간에 자신의 이름으로 된 책을 한두 권 출간하면, 직장에서도, 사업에서도 훨씬 유리한 고지를 점령할 수 있다. 그래서 어른들 사이에서는 책 쓰기 학원이 각광받는다. 하지만 아이들에게는 책을 쓰는 과정이 곧 공부이고, 사고 훈련이기 때문에 책 쓰기를 빨리 끝낼 이유나 필요가 없다. 오히려 오랫동안 책을 쓰는 과정이 곧 남들보다 더 오래, 더 많은 공부를 하는 과정이 된다.

학원비는 강사의 수준에 따라 어마어마하게 큰 지출 격차를 낳는다. 예를 들어, 하버드대나 서울대를 졸업한 강사의 수업이고, 일대일 수업인 경우 수백만 원을 넘어 수천만 원의 사교육비가 필요하다. 하지만 책 쓰기 공부에는 그 어떤 명문대 졸업장이나 전문 자격증을 지닌 지도사가 필요 없기 때문에, 이런 격차는 발생하지 않는다.

물론 학원 공부는 아이들에게 좋은 성적을 보장한다. 하지만 그뿐이다. 반면 책 쓰기는 아이들에게 더 좋은 인생과 성장의 질을 보장한다. 또, 책 쓰기는 그야말로 '평생공부'의 토대가 되어준다.

책 쓰기는 진짜 인생을 보장해준다. 그렇다면 우리 자녀에게 어떤 길을 제공해주어야 할까? 부모라면 한 번쯤 고민할 문제다. 부모는 자녀를 위해 좀 더 나은 길을 제시해야 한다. 그것이 훌륭한 부모다.

당신이 어려서 독서 교육만 받고 학원만 다녔다고, 당신의 자녀도 똑같이 그 전철을 밟아야 하는 건 아니다. 당신의 자녀는 바뀌는 시대에서 당신보다 더 나으며 다른 교육을 받아야 하고, 그것이야말로 부모의 의무가 아닌가?

책 쓰기가 학원에서의 배움보다 열 배 이상 좋은 이유는 수도 없이 많으므로 좋은 학원에 보내는 것으로 부모의 의무를 다했다고 자족해서는 안 된다. 학원 공부보다 더 유익하고 좋은 공부의 길은 얼마든지 많다. 주위를 둘러보고, 눈을 크게 뜨는 것이 중요하다.

독서에 편중된 학습법만 생각하지 말고, 책 쓰기에도 눈을 뜨는 부모가 되어야 한다.

책 쓰기를 하는 아이와 하지 않는 아이 사이에는 갈수록 큰 격차가 발생한다. 지금 당장은 차이가 없는 듯이 보일 것이다. 하지만 대학생이 되거나 직장인이 되었을 때, 그 격차는 심해질 것이고, 인생을 살면서 여러 가지 문제에 봉착했을 때, 그것을 어떻게 슬기롭게 해결하고 헤쳐 나가는지를 보면 그 차이를 실제로 알게 된다.

책을 쓰는 아이는 수동적이거나 정해진 답만 이해하고 암기하는 아이가 아니다. 책을 쓰는 아이는 살아있는 아이며, 주도적이고, 자신의 삶의 주인으로 스스로를 위치 시켜 살아가는 아이다. 스스로 생각하는 힘, 스스로 자신의 길을 개척하는 힘, 스스로 자신의 인생길을 발견할 수 있는 힘을 길러주는 것이 책 쓰기의 힘이기 때문이다.

더 이상 읽기에서 멈추는 바보로 살지 마라!
누구나 작가가 될 수 있다, 아니 돼야만 하는 시대다!
전문가가 책을 쓰는 것이 아니다, 책을 쓰면 전문가
가 되는 것이다!
성공한 사람이 책을 쓰는 것이 아니다, 책을 쓰면 성
공한 사람이 되는 것이다!
자신을 넘어선 사람이 책을 쓰는 것이 아니다, 책을
쓰는 사람이 자신을 넘어서는 것이다!

- 김병완의 <책 쓰기 혁명의 시대> 중

제3장

초등, 책 쓰기에 주목해야 하는 이유

즐거운 글쓰기

독서의 완성, 책 쓰기

독서하는 만큼 인생이 바뀐다는 말은 옛말이다. 이제는 책을 쓰는 만큼 인생이 바뀐다.

독서하면 인생이 바뀌는 시대는 옛날이다. 지금은 인류 역사상 그 어느 때보다 세상이 성장했다. 인공지능 시대이며, 지식 폭발의 시대이며, 지구 반대편과 실시간 소통이 가능하고, 화상 통화, 스마트폰 통화가 가능한 인류가 한 번도 경험해본 적이 없는 시대다.

시대가 이렇게 달라졌는데도 과거 최고의 자기 계발 도구였던 독서 학습에만 그대로 머물러 있다는 것은 조선 시대를 살아간다는 말과 다를 바 없다. 주위를 둘러보자. 지금은 조선 시대가 아니다. 지금은 드론이 날아다니고, 코로나가 발병한 팬데믹의 시대다. 현대화 사회에서 이렇게 역병이 전 세계적으로 우리를 괴롭힌 적은 단 한 번도 없었다. 그러므로 우리에게는 새로운, 강력한 성장동력이 필요하다.

공부 분야도 마찬가지다.

언제까지 읽고 암기하고 이해하고 수용하는 소극적인 공부만 할 것인가? 이제는 쓰고 주장하고 퍼뜨리고 연결하고 구축하고 창조하는 적극적인 공부가 필요한 시대다. 그것도 초등학생에게 말이다.

독서를 할수록 지식인이 되지만, 쓰기를 할수록 혁신가가 된다. 독서할수록 똑똑한 사람이 되지만, 쓰기를 할수록 싱크탱커가 된다. 독서를 하면 이미 제시된 세상의 틀에 대한 정보를 많이 접하지만, 쓰기를 할수록 세상을 뛰어넘는 초월자가 된다. 쓰기를 할수록 세상이 만들지 못한 새로운 길을 개척하고 만드는 사람이 된다.

독서의 마지막 단계가 쓰기다. 써야 비로소 온전한 독서가 완성된다. 반대로 독서를 하지 않고 쓰기만 한다면 그 일 역시 불완전하다고 생각할 수도 있겠지만, 이미 쓰기에는 독서가 포함되어 있다.

그러므로, 독서의 완성은 책 쓰기다. 독서를 아무리 많이 해도 책을 쓰지 않았다면 독서의 최고 단계를 경험하지 못한 것과 같다. 쓰기를 한 사람은 독서의 단계를 뛰어넘는 것 이상으로 독서의 한계와 수준을 쉽게 뛰어넘는다. 이것이 쓰기가 가져다주는 위력이다. 쓰기는 읽기보다 더 세고, 힘이 강하다.

물론 독서만으로 인생을 바꿀 수 있다고 말하는 이들도 적지 않다. 그렇다면 독서보다 더 강한 책 쓰기라면 인생을 여러 번 바꿀 수도 있을 것이다.

"천만 냥의 재물을 쌓는 일이 한 가지 작은 기술이나 재주를 몸에 지니는 것만 못하다. 그 한 가지 기술이나 재주 가운데 쉽게 익힐 수 있고 또한 가장 귀중한 것으로 독서만 한 것이 없다. 독서는 비록 크게 성취한 것이 없다고 해도, 도리어 한 가지 기술이나 재주는 될 수 있으므로 스스로 살아갈 수 있는 바탕이 되어준다. 부모형제에게 항상 의지할 수는 없는 노릇이고, 고향과 나라도 언제까지 자신을 보호해주지는 않는다. 그러므로 마땅히 자기 자신이 살아갈 방도를 찾아야 한다."

중국 육조 시대의 유명한 학자 중 한 명인 안지추가 〈안씨가훈〉에서 독서의 유용성을 언급한 부분이다. 위의 말처럼 독서는 '한 가지 기술이나 재주'가 될 수 있으며, '크게 성취한 것이 없어도, 스스로 살아갈 바탕'이 되어준다. 하지만 책 쓰기는 큰 성취를 낳고, 한 가지 기술이나 재주를 뛰어넘어 인생을 바꾸게끔 돕는다.

책 쓰기를 통해 부와 성공을 성취한 사람이 이미 적지 않다. 억만금 가치의 공부와 지식보다, 천만 냥의 재물보다, 수만 권의 독서보다 더 나은 것이 한 권의 책 쓰기 기술일 수 있다. 책 쓰기를 많이 한 사람, 책 쓰기를 잘하는 사람은 평생 끊임없이 질 좋은 상품을 생산해낼 수 있는 공장을 몸속에 가진 것과 다름없다.

이제 기술 중에 최고의 기술은 책 쓰는 기술이 아닐까? 직업 중에 최고의 직업은 작가가 아닐까? 좋은 직업으로 손꼽히는 의사와 변호사가 되려면 엄청나게 많은 공부를 해야 하고, 시험에 합격해서 전문 자격증을 취득해야 한다. 책을 쓰는 일은 가성비가 높은 직업을 갖는 일 중 하나다.

책 쓰기를 하면
인생이 달라진다

독서를 아주 많이 하거나, 남들보다 잘하는 아이는 공부도 잘할 것이고, 인생도 더 나아질 것이다. 당연히 독서가 공부에 도움이 되기 때문이다.

하지만 원래 독서를 싫어하고 잘하지 못하는 친구들은 독서로 인생을 바꿀 수 없다.

독서 그 자체는 인생을 달라지게 하지 않지만 책 쓰기는 그 자체로 인생을 바꾼다. 책 쓰기를 잘하면 인생이 달라진다. 차원이 다르다는 이야기다.

당신이 책을 썼다. 그런데 그 책이 출간되자마자 하루아침에 종합 베스트셀러가 된다면, 당신의 인생은 어제와 더 이상 같을 수 없다. 책이 가져다주는 어마어마한 위력은 또 있다.

독서를 아주아주 잘, 많이 하더라도 어떻게 보면 그저 자기만족에 불과하다. 심지어 필자는 3년 동안 1만 권 독서를 했다. 하지만 그 어떤 부러움의 대상도 되지 못했다. 물론 1만 권 독서를 한 것은 자랑하기 위해서가 아니라 필자가 독서를 좋아했기 때문이고, 많이 하다 보니 남들보다 잘하게 된 것이다.

하지만 문제는 1만 권 독서만으로 인생이 절대 달라지지는 않는다는 것이다. 그 어떤 자격증도 없으며, 세상에 내세울 근거도 없다. 자기만족에 불과하다. 하지만 책 쓰기는 다르다. 책 쓰기를 남들보다 더 잘하는 아이가 있다면, 그는 몇 년 안에 베스트셀러 작가가 될 것이고, 그로 인해 혼자서 경제적 활동도 충분히 가능하며, 일찍이 사회경제적 자립을 체험할 수 있다. 독서와 책 쓰기의 가장 큰 차이가 이것이다.

미리 훈련해 책 쓰기를 잘하면 인생은 더 달라진다. 책 쓰기를 잘하면 돈도 많이 벌 수 있고, 유명해질 수 있고, 큰 명예도 얻을 수 있다. 책 쓰기가 가져다주는 어마어마한 유익은 독서와 비교 불가하다.

물론 책 쓰기를 하면 아이의 인생뿐만 아니라 어른의 인생도 달라진다. 여기에는 시대적 변화가 중요한 요인이다. 지금은 넘버원이 아닌 온리원에 열광하는 시대기 때문이다.

지금의 시대는 과거와 다르다. 이제는 남들보다 잘하고 뛰어난 사람, 즉 넘버원에 사람들이 열광하지 않는다. 사람들은 무엇인가를 최고로 잘하는 사람에게 더 이상 열광하는 것에 싫증을 느끼고, 심하게 이야기하면 지쳤다. 이제는 자연스럽지만 독특한 타인의 이야기에 열광한다. 그 이야기에 감성과 이미지가 모두 담겨있기 때문이다.

당장 예능의 트렌드를 살려보라. 예능을 통해서 시대의 변화를 가장 쉽게 느낄 수 있다.

〈나 혼자 산다〉 등 일상관찰 예능에 사람들이 열광하는 이유는 타인의 삶이 궁금하고, 타인의 스토리에 메말라 있기 때문이다. 지식과 정보에 열광하던 시대는 이미 지나갔다. 지식 정보화 시대는 한물갔다. 이제는 감성과 스토리의 시대이며, 하이테크, 하이콘셉트의 시대다. 내게 없는 타인의 스토리와 나와 다른 감성과 차별화된 이미지에 사람들이 열광한다. 그만큼 새로운 시대가 되었다.

그렇다면 사람들은 어떤 스토리에 열광할까?

모든 스토리가 나름대로의 가치를 지니지만 그중에서도 가장 가치있는 스토리는 따로 있다. 일단 스토리가 독특해야 한다. 남과 달라야한다. '튀지 않으면 죽음'이라던 세스 고딘의 말은 진리였다. 한마디로 남과 다를수록 세상이 열광하고 가치 있는 스토리가 된다. 왜 그럴까?

사람의 본능은 자기와 다른 것을 동경하는 마음을 느낀다. 그것이 인간의 본성이다. 사람이라면 항상 남의 떡이 더 커 보이고, 남이 나보다 더 행복한 것처럼 느낀다. 인간이기 때문이다.

자신의 인생과 똑같은 인생을 사는 사람의 스토리를 들으면서 감동하는 사람이 있을까? 없다. 그 어떤 감동도, 재미도, 환희도 느끼지 못한다. 자기와 똑같은 사람의 인생을 통해 큰 지혜를 얻는 사람이 있을까? 없다. 자신의 인생과 같기 때문이다.

하지만 한 번도 상상해보지 못한 삶을 살았거나 지금 사는 다른 사람들의 스토리를 통해서는 엄청난 감동을 받고, 재미와 흥미를 느끼고, 삶의 교훈을 얻고, 열광한다. 나와는 다르다는 단 한 가지 이유만으로 말이다.

한마디로 나와는 다른 사람이기에 열광하게 되는 것이다. 책 쓰기 또한 마찬가지다. 책 쓰기를 하면 세상 많은 사람과는 다른 삶을 산 나의 이야기를 할 수 있다. 그 자체로 매력이 있고 경쟁력이 생긴다. 책 쓰기를 하면 인생이 달라지는 이유가 내가 쓴 나의 이야기가 타인에게로가 큰 힘과 위로와 교훈이 될 수 있기 때문이다.

책 쓰기를 하면 인생이 달라지는 이유는 또 있다. 그 이유를 알려주는 미래학자가 있다. 바로 다니엘 핑크다.

앨빈 토플러 이후 최고의 미래학자로 평가받는 다니엘 핑크는 사회를 잘 분석했다. 그는 시대가 정보화 시대에서 하이콘셉트, 하이터치의 시대로 변하고 있다고 말했지만 그의 말은 틀렸다. 이미 하이콘셉트, 하이터치의 시대가 되었다. 유튜버들 중 먹방 유튜버의 인기가 높은 이유도 이와 같다.

　다니엘 핑크는 지난 150년 동안의 인류의 시대를 세 가지 단계로 나누었다. 첫 번째는 산업화 시대, 그다음이 정보화 시대, 그리고 지금 우리가 사는 시대인 세 번째 시대가 바로 하이콘셉트, 하이터치의 시대이다. 이렇게 우리의 세상이 진보해 나간다고 주장하면서, 그는 그 이유를 풍요, 기술 발전, 세계화를 통한 인류 문명의 발달로 들었다. 그는 하이콘셉트, 하이터치의 시대가 될수록, 좌뇌 중심의 경제였던 산업화와 정보화 시대에서 우뇌 중심의 감성과 콘셉트가 중요시되는 시대로 옮겨간다고 말한다. 그리고 그가 말하는 하이콘셉트와 하이터치의 시대의 키워드는 한마디로 창조력과 공감력이라고 정의한다.

> "하이콘셉트는 예술적, 감성적 아름다움을 창조하는 능력을 말한다. 이는 트렌드와 기회를 감지하는 능력, 훌륭한 스토리를 만들어내는 능력, 관계가 없어 보이는 아이디어들을 결합해 뛰어난 발명품으로 만들어내는 능력이다. 하이터치는 간단하게 말하자면 공감을 이끌어내는 능력이다. 인간관계의 미묘한 감정을 이해하는 능력, 한 사람의 개성에서 다른 사람을 즐겁게 해주는 요소를 도출해내는 능력, 평범한 일상에서 목표와 의미를 이끌어내는 능력이다."
>
> _ 다니엘 핑크, <새로운 미래가 온다> 중

그렇다면 이런 새로운 시대, 하이콘셉트, 하이터치의 시대에 과연 우리 아이들이 기존에 해왔던 독서 편중의 공부, 암기 위주의 공부, 지식만 확장하는 지식 습득 중심의 공부, 100년이 넘도록 이어진 지금의 교육 방식이 효과적인 공부 방식이라고 할 수 있을까?

지식만 많이 가진 지식인보다 지금은 창조력과 공감력이 뛰어난 유튜버들이 돈도 더 많이 벌고, 영향력도 높은 이유는 무엇일까? 잘 생각해보자.

이제는 과거처럼 정해진 인생길, 대기업 사원이나 의사나 변호사의 삶보다 훨씬 더 다양하고 많은 직업이 생겨나는 시대다. 그리고 그런 새로운 직업이 과거에 각광받던 직업보다 훨씬 더 자유롭고 즐거운 삶을 누릴 수 있는 직업이다.

새로운 형태의 직업과 삶이 넘쳐나는 이 시대에 우리 아이들이 과거의 공부만 하고 수동적인 독서 편중의 공부만 한다면, 앞으로는 살아나가기 힘들지도 모른다. 즉, 책 쓰기 교육을 통해 창의력과 공감력을 키우고, 스스로 생각하고 스스로 창조하는 힘을 길러야 한다. 이런 시대적 변화 때문에 책 쓰기를 하는 사람의 인생이 더 잘 풀릴 것이다.

게다 당신이 부모라면 인생에서 활기를 얻고, 의미를 찾고, 즐거움을 누리는 사람과 그렇지 못하고 수동적으로 타인이 시키는 일만 하면서 생계만 유지하는 사람 중에, 당신의 자녀가 어느 쪽 사람으로 살기를 원하는가?

현대판 노예의 삶을 사는 사람들은 지금도 적지 않다. 독자들 중에도 있을 것이고, 지금은 아니지만 필자도 40년을 그렇게 살아왔다. 현대판 노예의 삶에서 벗어난다는 것은 사실 정말 힘든 일이다. 생계와 직결된 문제기 때문이다. 하지만 필자는 확실하게 벗어났다.

필자를 현대판 노예의 삶에서 벗어나게 해준 단 한 가지는 화려한 졸업장이나 의사나 변호사 전문 자격증이 아니라 책 쓰기였다.
책 쓰기는 인생을 바꾼다. 그것도 눈부시게 바꾼다. 진짜다.
이렇게 좋은 것이 있다면, 우리 아이들에게 추천해 주어야 하고, 할 수 있도록 이끌어야 한다.

책을 쓰면
공부의 수준이 높아진다

책 쓰기를 하면 공부의 수준이 어마어마하게 달라진다. 학생과 교수가 있다면, 누구의 수준이 더 높을까? 당연히 교수다. 하지만 교수의 수준이 늘 높은 이유가 따로 있다. 바로 교수는 가르치는 입장의 사람이기 때문이다.

무엇인가를 가장 잘 배우는 가장 확실한 방법은 누군가에게 지식을 가르치는 것이다. 그래서 학생은 절대 교수의 수준을 뛰어넘을 수 없다. 그리고 책 쓰기는 학생이면서 동시에 교수의 입장이 되어 독자가 가르치는 사람의 생각과 자세를 가지고 공부할 기회를 준다. 이것은 실로 어마어마한 차이를 낳는다.

현대 경영학의 창시자 피터 드러커와 세계적인 미래학자 앨빈 토플러, 이 두 사람의 공통점은 무엇일까?

바로 책 쓰기다. 이 두 사람 중 한 명은 평범한 은행원이었고, 또 다른 한 명은 부두의 노동자였다. 하지만 이 두 사람은 모두 책 쓰기를 쉬지 않고 했다. 많은 사람이 쉬지 않고 독서하려 하지만, 이 두 사람은 달랐다. 남들이 하지 않았던 책 쓰기를 쉬지 않고 했다.

책을 쓰면, 공부의 수준이 달라진다. 차원이 달라지고 클래스가 달라진다. 학생의 공부와 교사의 공부만큼의 수준과 접근 방법의 차이가 벌어진다. 생각이 다르고, 자세가 달라진다. 이것이 책 쓰기를 초등학생 때부터 해야 하는 이유다.

초등학생들이 책 쓰기의 혁명에 빠진다면, 우리나라에도 노벨상 수상자들이 엄청나게 많아질 것은 분명하다. 초등학생들이 책 쓰기를 한다면, 우리나라 국회가 좀 더 성숙하고 좀 더 협력이 잘 되는 장소로 바뀔 것이다.

책 쓰기를 얼마큼 하느냐에 따라 공부의 수준이 달라진다는 것은 명백한 사실이다. 책 쓰기를 많이 할수록 아이의 성장 속도는 무섭게 빨라진다. 책 쓰기를 통해서라면 누구도 위대한 학자가 될 수 있다. 아니, 위대한 학자들은 책 쓰기를 필수적으로, 일상적으로 한다. 책을 쓰면 생각이 더 정확해지고, 내가 무엇을 알고, 무엇을 모르는지, 앞으로 어떤 방향으로 연구를 해야 하며, 지금까지 어떤 내용을 연구했는지를 누구보다 잘 파악할 수 있다.

한국에 노벨상 수상자들이 거의 없는 이유는 바로 연구만 열심히 하기 때문이다. 같은 시간 연구를 하면서 동시에 책 쓰기를 지속해왔다면, 자신의 분야에서 연구 성과가 지금보다 월등히 좋았을 것이라고 필자는 확신한다.

좌뇌와 우뇌의
균형을 잡아주는 책 쓰기

인간의 뇌는 우뇌와 좌뇌로 구성되어 있다. 우뇌는 전체를 통합하는 능력과 이미지를 형상하고 상상하는 능력이 뛰어나다. 좌뇌는 논리적이고, 구체적이고, 디테일하다. 그래서 하나하나 따지면서 공부하는 아이들에겐 좌뇌만 발달하는 경향이 있다.

한쪽 뇌만 발달하면 문제가 발생한다. 똑똑하지만 행복하지 않다면 인생이 재미없고 활력도 사라질 것이다. 반면 행복하지만 똑똑하지 못하면 성장 가능성이 낮아서, 타인에게 지시받으며 살아야 할지 모른다.

행복하면서도 성공적인 삶을 사는 사람들은 우뇌와 좌뇌가 균형 있게 발달한 사람이다. 모든 것에는 균형이 중요하다. 책 쓰기는 우뇌와 좌뇌의 균형을 잘 잡도록 돕는다. 독서는 논리적으로 따지는 일과 언어 이해에만 집중되어 있어서, 언어뇌인 좌뇌만 발전시킬 가능성이 크지만 책 쓰기는 언어를 구사하면서 동시에 사고력, 상상력, 표현력, 감성, 통합능력, 이미지 형성 등의 사고를 다 해야 하기 때문에 뇌의 전 영역이 활발하게 기능한다. 또, 손가락을 사용해 타이핑 하거나, 볼펜을 사용하기 때문에 전뇌 운동도 된다. 책 쓰기가 전뇌를 고르게 성장시켜 주는 데에는 물리적인 이유가 있다.

독서를 눈으로만 하는 사람이 많다. 독서의 9할은 눈으로 문자를 읽고 해석하는 행위다. 하지만 책 쓰기의 9할은 손가락으로 타이핑을 하는 일이다. 손가락을 쉴 새 없이 움직여야 한다. 손가락을 사용하는 것은 뇌 운동에 정말 좋다. 악기를 연주하는 사람들의 뇌가 건강하고 전뇌가 균형 있게 발달하는 데에는 이유가 있다. 손은 '밖으로 나온 뇌'라는 말이 있다. 책 쓰기는 우뇌와 좌뇌의 균형을 잡아준다.

독서는 부분뇌 독서다. 묵독하기 때문이다. 그런데 책 쓰기는 부분뇌로만 할 수 없다. 책을 쓴다는 것 자체가 손을 사용하는 일을 포함하기 때문이다. 손은 그 자체가 외부로 나온 뇌라고 했다.

손은 뇌와 관련해서는 아주 특별한 기관이다. 손은 대뇌 피질의 가장 많은 부분에 가장 넓게 분포하는 기관이다. 1940년과 1950년대에 캐나다의 유명 신경외과 의사였던 와일드 펜필드Wilder Penfield는 대뇌피질이 위치별로 받아들이는 신체감각이 다르다는 점에 착안하여 신체감각과 대뇌피질을 연결시킨 개념의 뇌 지도 '호문쿨루스Homunculus'를 만들었다. 이 지도를 보면 손과 손가락 부위가 대뇌피질의 감각영역과 운동영역에서 가장 많은 부위를 차지함을 알 수 있다. 결론적으로 손과 손가락을 움직이면 뇌의 가장 많은 부분을 자극시키고 활동시킬 수 있다.

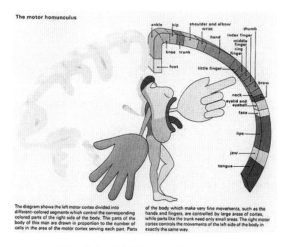

<와일드 펜필드의 호문쿨루스 - 감각 모형 사진 1>

출처: http://nstckorea.tistory.com/407, 국가 과학 기술 위원회 공식 블로그

손을 많이 사용하는 악기 연주를 배우면 머리가 좋아지는 이유도 여기에 있다. 젓가락을 사용하는 민족인 한국, 일본, 중국 사람들이 세계에서 가장 지능지수가 높은 이유도 여기에 있다.

<와일드 펜필드의 호문쿨루스 - 운동 모형 사진 2>

출처: http://nstckorea.tistory.com/407, 국가 과학 기술 위원회 공식 블로그

　위의 사진 역시 인간의 손이 뇌에서 얼마나 많은 부위를 차지하는지를 쉽게 보여준다. 뇌과학이 발달하기 전에 세종대왕, 정조대왕, 다산 정약용, 모택동은 모두 직관(경험)적으로 손을 사용하는 것이 뇌를 깨우는 활동이라는 사실을 알았고, 쓰기를 습관화했다. 그 밖에 쓰기를 통해 천재가 된 사람은 또 있다. 레오나르도 다 빈치가 그렇다. 그는 심지어 양손으로 썼다. 그렇기 때문에 인류 역사상 최고의 천재가 된 것이라고 해석할 수 있다는 점은 놀랍다.

　책 쓰기가 양뇌를 모두 균형 있게 발전시킨다는 것은 이처럼 다양한 이유와 근거 때문이다.

아이의 사고력과 표현력이
발달한다

"하버드 대학교가 내건 글쓰기 수업의 목표는 '논리적 사고력 향상'입니다. 왜냐하면 논리력은 모든 사고의 토대이며 개인적, 사회적 성공의 기본이기 때문이지요. 그래서 하버드생은 학교에 다니는 내내, 4년 이상 글쓰기를 배우고 전공에 상관없이 글쓰기를 중심으로 수업을 받습니다. 그리고 여기에서 논리정연하게 메시지를 개발하는 방법, 자신의 메시지를 설득력 있게 전달하기 위한 에세이 쓰기를 배웁니다."

_ 송숙희, <150년 하버드 글쓰기 비법> 중

책 쓰기를 하는 아이는 사고력이 향상되고, 더불어 표현력까지 향상된다. 그래서 하버드대학교에서 가장 중요시하는 과목도 글쓰기 과목이다. 하버드가 미국 대학 순위에서 매년 1, 2위를 차지하는 저력도 글쓰기 수업에 있다. 하버드를 졸업한 수많은 대통령, 기업가, 노벨상 수상자, 리더들이 하버드를 다니면서 가장 많은 성장과 도약을 하도록 도운 것이 바로 글쓰기 수업이었다.

글쓰기 수업이 이렇게 효과적이고 좋지만, 한국에서는 어른들도 책 쓰기를 하려 하는 사람이 많지 않다. 제대로 책 쓰기를 할 수 있는 사람이 많지 않기 때문이다. 글쓰기를 매우 싫어하는 국민들이 있다면 바로 한국 국민들이다. 하지만 세계적인 리더를 많이 배출시킨 하버드는 다르다.

하버드대 학생들은 전공에 상관없이 4년 내내 글쓰기 수업을 지독하게 받는다. 글쓰기로 평가받고, 전공 리포터를 쓰고, 심지어 글쓰기로 입학하며, 졸업한다. 글쓰기 실력이 곧 전공 실력으로 이어지고, 글쓰기 실력이 사회적 성공과 부의 수준을 결정짓는다.

하버드 대학교가 글쓰기 수업을 강조하는 이유이자 목표는 하나다. 창의적이고, 설득력 있는 리더를 배출하는 것이다. 어떤 사람이 창의적이고, 어떤 사람이 설득력이 있을까? 바로 사고력의 수준이 높은 사람이 창의적인 인물이다. 또, 표현력이 좋은 사람이 설득력이 좋은 사람이다.

당신의 초등학생 자녀가 남들보다 일찍 책 쓰기를 시작한다면, 창의적이고 설득력 있는 리더로 성장할 수 있을 뿐만 아니라 인생을 누구보다 더 행복하고 성공적으로 살 수 있다. 책 쓰기를 하는 아이는 사고력과 표현력이 달라진다. 누군가의 사고와 표현을 배우고 이해하는 것이 아니라, 자신이 스스로 사고해야 하고, 또 그것을 표현해야 하기 때문이다.

사고력과 표현력을 길러주고 훈련하는 가장 좋은 방법이 책 쓰기다. 그러한 능력은 누군가에게 배워서 가능한 것이 아니고, 갑자기 성장할 수도 없다. 책 쓰기는 이에 좋은 훈련이 된다.

책을 많이 쓰면 쓸수록 사고력이 더 정확해지고, 사고 수준이 높아지고, 표현이 정밀해진다. 바로 이런 이유에서 위대한 학자들, 연구가들, 혁신가들 중에는 쓰기를 평생 계속한 사람들이 적지 않다. 외국에서는 위대한 학자, 평생 연구를 하는 학자라면 당연히 매일 쓰는 행위를 지속한다. 왜냐하면 같은 능력의 두 학자가 있다면, 그중 매일 글쓰기를 하면서 자신의 연구를 기록하고 정리하는 학자와 그렇지 않고 연구만 열심히 하는 학자 간에는 큰 차이가 발생하기 때문이다.

서양의 학자들이 노벨상을 더 많이 받고, 더 큰 학문적인 성장을 하는 이유가 바로 글쓰기 습관 때문이다. 한국의 학자들과 우리 선조들은 각 분야에서 엄청난 도약을 했음에도 자신의 업적과 일을 매일 글로 써서 남기는 문화가 부족해서 그 위대한 기술과 노하우와 정신을 전승하지 못했을 뿐만 아니라, 스스로 더 큰 도약을 할 수 있었음에도 그것을 이루지 못했다.

다시 말해, 글쓰기를 매일 하는 학자와 그렇지 못한 학자는 학문적인 성과, 연구 결과에서 큰 차이를 빚는다. 글쓰기를 하면 사고의 수준이 높아지고, 표현이 더 정확해진다. 책 쓰기를 하는 아이와 그렇지 않은 아이 사이에는 분명한 수준 차이가 발생한다. 공부의 수준이 달라지고, 그것은 결국 인생의 수준이 된다. 그리고 곧 그것이 부와 성공의 격차, 행복의 차이로 이어진다.

많은 작가들이 오해하는 한 가지는 좋은 아이디어가 생겨야 책 쓰기를 한다는 것이다. 오해다. 많은 작가들은 먼저 책상에 앉고, 책 쓰기라는 행위를 시작한다. 책 쓰기라는 행위 자체가 많은 상상력을 만들어주고, 새로운 사고력과 표현력을 길러준다.

> "글쓰기를 시작하기 전에 영감이 오기를 기다린다면, 정신이 번쩍 들 만한 통찰력을 기대한다면, 당신은 어리석을 뿐 아니라 작가와 인연이 없는 사람이다. 일단 써라, 글을 쓴다는 물리적 행위 자체가 상상력을 해방시킨다. 동작으로 아름다움을 드러낸다는 의미에서 글쓰기는 춤이나 스포츠와 같다."
>
> _ 스티븐 테일러 골즈베리, <글쓰기 로드맵 101> 중

골즈베리의 이 말처럼 우리의 사고력, 상상력, 표현력이 훈련되어, 더 좋은 사고와 상상과 표현이 꼬리에 꼬리를 물듯이 일어나는 그 놀라운 책 쓰기 과정을 우리 아이들도 경험하도록 해야 한다. 당신이 부모

라면, 아이들을 사설 학원에 보내기 전에 먼저 책을 쓰도록 해야 한다. 당신의 자녀가 훌륭하고 수준 높은 인생을 살기를 바란다면 책 쓰기를 시켜라. 지금 당장 말이다.

옛날 중국의 송나라 문인이었던 구양수는 글을 잘 쓰는 세 가지 방법을 이야기했다. 그건 '삼다三多'로, '다독 다작 다상량多讀 多作 多商量' 즉, 많이 읽고, 많이 쓰고 많이 생각하라는 것이다.

한국의 아이들은 많은 것을 읽지만, 많이 쓰는 것, 그리고 그것을 통해 많은 생각을 하는 일은 등한시한다. 게다 요즘은 영상매체의 범람으로 텍스트 친화력을 높이기도 쉽지 않다. 여기에 주입식 교육과 암기 위주의 지식 습득이 중심인 교육 위주로 공부가 진행된다.

많이 읽는 것도 중요하지만, 더 중요한 것은 많이 쓰는 것이다. 많이 쓰기 위해서는 자동적으로 생각하고 또 생각해야 한다. 그리고 이 반대도 적용이 가능하다. 많이 쓸수록 생각이 따라온다. 그래서 생각의 선순환 작용이 발생한다. 이것은 글을 많이 써본 경험이 있는 사람이라면 누구나 다 아는 이치다. 생각하기 힘들고, 생각이 안 날 때도, 노트북을 펴고 무작정 타이핑을 하면, 신비롭게도 좋은 생각들이 꼬리에 꼬리를 물고 일어나는 현상을 경험한다. 이것이 책 쓰기의 힘이며 작용이다. 생각을 잘하게끔 돕고, 사고력을 훈련시키고 또 훈련시켜 준다. 이것보다 더 좋은 공부가 또 어디 있을까?

여기에 한 가지 더 추가할 수 있는 지혜는 바로 위대한 우리의 선조인 다산 정약용 선생이 말한 '둔필승총^{鈍筆勝聰}'의 원리이다. 이는 '둔하고 부족한 붓(기록, 쓰기)이 총명한 머리보다 더 낫다'는 말이다. '무딘 붓이 총명을 이긴다'는 의미이다. 왜 그럴까?

바로 책을 매일 쓰면 생각하는 훈련도 매일 되어서, 결국에는 사고력이 뛰어난 사람이 된다는 이치 때문이다. 이 사실을 다산 선생은 이미 알고 있었던 걸까? 나도 그것은 의문이다.

확실한 사실은 사고력 훈련에 책 쓰기만큼 좋은 도구는 없다는 사실이다. 최고의 공부가 책 쓰기라는 사실이다. 이제는 우리 아이들이 독서에 편중된 공부에서 벗어나, 창의적이고 훌륭한 인물로 도약하기 위한 책 쓰기 공부를 시작해야 한다. 이것이 한국 교육에 새로운 화두가 되기를 바란다.

하버드생의 71퍼센트는 1년에 평균 여섯 쪽 분량의 보고서를 열 편 이상 쓴다. 4년간 제일 신경 쓰는 분야도 글쓰기다. 교수의 지도도 받아야 하고 친구들의 조언도 듣는 것이 좋다. 자신의 의견을 글로 표현할 줄 아는 능력은 대학생활이나 직장생활에서 결정적인 성공 요인이다.

- 강인선의 <하버드 스타일> 중

제 4 장

책 쓰기로 아이의
수준을 높이자

넓게 봐야
창의적이다

"얼마나 많은 사람이 독서를 통해 인생의 새 장을 열어왔는가!"라던 헨리 데이빗 소로의 이 말은 이제 틀렸다. 이제는 독서를 통해 인생의 새 장을 열 수 없다. 전혀 다른 세상이 되었기 때문이다. 이제는 독서보다 좀 더 강력하고, 좀 더 센 놈이 필요하다. 그래서 책 쓰기다.

얼마나 많은 이가 책 쓰기를 통해 인생의 새 장을 열었는가! 필자도 그중 한 명이다. 책 쓰기를 하면 세상을 훨씬 더 넓게, 다각도로, 통합적으로 바라볼 수 있다. 그래서 책 쓰기는 삶의 수준을 바꾸어 놓는다.

책 쓰기는 아이의 평생 공부를 결정짓고, 아이의 수준을 바꾼다. 세상을 넓게 보고 통합적으로 바라보는 사람은 편견에서 벗어난 사고를 하고, 남들은 하지 않는 상상을 한다. 그로 인해 세상의 패러다임을 바꾸기도 한다.

우리가 그동안 수많은 책을 힘들게 읽은 이유, 더 많이 공부하고, 더 수준 높은 지식을 얻고자 했던 이유에도 아마 세상을 더 넓은 시각으로 바라보기 위함이 있었다. 책 쓰기는 독서보다 열 배 이상 더 강력하고 더 큰 시야를 제공해준다. 책을 쓰며 우리는 타인의 지식이나 정보를 그대로 이해하고 수용하는 공부에서 벗어날 수 있다. 책을 쓰는 과정에서 우리는 새로운 생각과 아이디어를 탄생시키고, 그 과정이 수백, 수천 번 반복되면 세상을 남과 다르게 보는 힘이 생긴다.

세상을 남들보다 넓게 보는 사람은 창의적인 사람이 될 수 있고, 새로운 학문 분야를 하나 만드는 창시자가 될 수 있다. 대표적인 사람이 현대 경영학을 창시한 피터 드러커이다.

피터 드러커가 현대 경영학의 창시자가 될 수 있었던 비결은 무엇일까? 그가 가진 현대 경영에 대한 방대한 지식 때문이 아니다. 현대 경영에 대한 지식이 피터 드러커보다 더 많았던 이들은 미국에 헤아릴 수 없이 많았다. 하지만 유독 피터 드러커만이 현대 경영학의 창시자, 아버지라고 평가받는 이유는 무엇일까?

그것은 바로 그가 현대 경영에 대해 남들보다 더 넓은 시각을 가진 최초의 인물이라는 점 때문이다. 그리고 그것을 가능하게 한 단 한 가지 습관은 책 쓰기 습관이었다. 그는 끊임없이 책을 쓰고 또 썼다. 책을 쓰는 과정에서 우리의 시각은 넓어지고 확장된다. 시각이 넓어지면 남들이 보지 못하고, 깨닫지 못하는 통찰력이 생겨, 다음 작업으로 이어진다. 그리고 그 통찰력은 그 어떤 지식보다 더 강력한 힘을 가지게 된다. 즉, 그가 현대 경영학을 창안한 힘은 지식의 힘이 아니라 통찰력의 힘이고, 통찰력은 결국 책 쓰기에서 시작되었던 것이다.

세계적인 미래학자인 앨빈 토플러의 사례도 마찬가지다.

평범한 부두 노동자로 5년 이상 생활해온 그가 세계적인 미래학자로 도약한 이유는 바로 책 쓰기였다. 그는 부두 노동자로 생활하면서도 책 쓰기를 멈추지 않았고, 계속했다. 책을 쓰는 과정을 통해 미래에 대한 통찰력이 생겼고, 그 통찰력은 그로 하여금 세계적인 미래학자로 평가받게 하는 데 부족함이 없었다.

한국의 초등학생들이 책 쓰기를 시작한다면, 우리는 머지않아 세계적인 학자, 세계적인 학문의 창시자를 배출할 수 있을지도 모른다. 명심하자. 독서의 한계를 뛰어넘는 유일한 도구는 책 쓰기다.

스스로 생각하는 힘을
길러준다

물론 책을 통해 깨달음을 얻고 쓰기 위해서는 아이들이 좋은 책도 많이 읽어야 한다. 그래서 고전 읽기를 강조하는 책들이 최근에 많이 출간되었다. 고전을 통해 아이들은 위대한 사상과 조우할 수 있다.

책을 읽을 때는 세 가지를 읽어야 한다. 첫째는 텍스트 읽기다. 책의 내용을 읽고 이해해야 한다. 둘째는 책의 지은이를 읽어야 한다. 책을 쓴 사람의 생각을 이해하고, 그와 대화를 나누어야 한다. 셋째는 그 책을 읽고 있는 자신을 읽어야 한다. 책을 읽으면서 자신을 성찰하고 세상을 통찰해야 하는 것이다. 이것을 '독서삼독'이라고 한다.

책 읽기의 궁극적인 단계는 이 세 가지 중에 세 번째다. 세 번째 읽기가 훨씬 중요하다. 책 쓰기는 바로 세 번째 읽기, 자신을 성찰하고 세상을 통찰도록 돕는다. 그래서 책 쓰기를 많이 하면, 생각이 바뀐다.

텔레비전만 많이 보는 아이들, 게임만 많이 하는 아이들의 미래는 어떨까? 일단 현재 그들의 공부 성적과 상관없이 그들은 성장이 멈추었다고 할 수 있다. 반면에 독서를 많이 하는 아이들은 성장이 지속된다. 독서를 통해 다양한 질문을 하고, 지식을 배우기 때문이다.

여기서 더 나아가 책 쓰기를 많이 하는 아이들은 어떻게 될까? 독서를 많이 하는 아이들보다 훨씬 더 크게 성장하고 도약할 것이다. 책을 쓰면 아이들은 독서만 하는 아이들보다 더 복잡하고 다양한 사고 과정을 훈련하고 연습하게 된다. 자연스럽게 생각이 더 깊어지고 넓어진다.

암기만 잘해서 공부를 잘하는 아이와 책 쓰기를 통해 사고의 폭이 넓어지고 수준이 높아진 아이의 부와 성공은 결과도 다르다. 전자보다 후자가 훨씬 더 큰 인생을 살며, 제대로 된 진짜 공부도 한다. 한마디로 책 쓰기를 통해 생각이 달라지면 인생의 모든 것이 달라진다. 아이를 정말 사랑하는 부모라면, 학원에 보낼 것이 아니라 책 쓰기를 권장해야 한다. 책 쓰기를 하면 스스로 생각하는 힘이 길러진다.

스스로 생각하는 힘은 어마어마한 삶의 무기다. 이것은 인류 최고의 과학자들을 탄생시킬 정도로 강력하다. 20세기 최고의 과학자인 아인슈타인도 스스로 생각하는 힘으로 상대성 이론을 발견했다. 그는 언제나 '지식보다 상상력(생각)이 더 중요하다'고 말했고, 이 말은 오직 인간만이 생각하기 때문에 새로운 가치를 창조해낼 수 있음을 의미한다. 뉴

턴도 마찬가지였다. 스스로 생각하는 힘이 남들보다 더 강했기 때문에 만유인력을 발견하고, 위대한 학자가 되었다.

"나는 내내 그 생각만 했어요. 그게 만유인력을 발견할 수 있었던 이유예요."

_ 아이작 뉴턴

"나는 몇 달이고 몇 년이고 생각하고 또 생각한다. 그러다 보면 99번은 틀리고, 100번째가 되어서야 비로소 맞는 답을 알아낸다."

_ 아인슈타인

위대한 위인들은 하나같이 스스로 생각하는 일의 중요성을 깨달았고, 그것을 생활신조로 삼아 삶에 적용시켰다. 성공철학의 거장 나폴레온 힐은 자신의 성공철학을 집대성한 책의 제목을 〈생각하라 그러면 부자가 되리라Think and grow rich〉라고 지었다. 왜 '열심히 일하라 그러면 부자가 되리라'가 아니라 '생각하라 그러면 부자가 되리라'였을까? 스스로 생각하는 힘이 열심히 일하는 것보다 더 중요하다는 것을 잘 알았기 때문이다.

"생각하면 얻고, 생각하지 않으면 얻지 못한다."

_ 맹자

맹자의 이 말 역시 스스로 생각하는 힘이 있는 아이와 없는 아이의 격차가 얼마나 크게 벌어질지를 예측하게 한다. 독서만 많이 하는 아이는 생각하는 쪽보다 수용하고 암기하는 쪽에 가깝다. 반면, 책을 쓴다는 것은 스스로 많은 생각을 하게 해 생각하는 힘을 길러준다. 초등생에게 책 쓰기를 권장해야 하는 이유다.

생각할 줄 아는 사람은 능히 리더가 된다. 하지만 지식만 많으면 위기 상황 앞에서 문제를 해결할 능력이 없다. 문제의 해결 능력은 스스로 생각할 줄 아는 사람에게만 있기 때문이다.

> "성공하는 사람들의 한 가지 공통점은 무엇일까? 정상에 오르는 사람이 결코 정상에 오르지 못할 것 같은 사람과 다른 점은 무엇일까? 바로 생각이 뛰어나다는 것이다! 뛰어난 사고를 일상생활의 영역으로 받아들이는 사람은 생각의 단계와 발전의 단계가 서로 어떤 관련이 있는지를 이해한다. 그들은 또한 삶을 바꾸기 위해서는 생각이 달라져야 한다는 것을 알고 있다."

_존 맥스웰, <생각의 법칙 10+1> 중

그렇다. 성공하는 사람들의 공통점은 뛰어난 생각이다. 생각이 뛰어난 사람들의 공통점은 다 스스로 생각하는 힘이 세다는 것이다. 스스로 생각하는 힘을 기르고 훈련시키는 가장 좋은 도구는 책 쓰기다.

> "스스로 생각하는 사람이 강하다."

_오마에 겐이치

3대 경영 구루 중 한 명인 오마에 겐이치가 책에서 한 말이다. 이것은 그가 책 한 권을 통해서 피력하는 가장 강력한 핵심 메시지이기도 했다. 그만큼 스스로 생각하는 사람이 강하다. 그리고 책을 쓰는 사람은 스스로 생각하는 사람으로 점점 더 성장해나간다.

평범한 인간은 생각하는 것을 참 싫어한다. 그래서 그냥 살면 절대로 생각하지 않는다. '무엇을 먹을지, 언제 잘지, 내일은 뭘 할지' 하찮은 생각만 한다.

어떤 노벨상 수상자는 하루 종일 연구와 공부만 하는 학생들을 보고 다음과 같이 말했다고 한다.

"공부만 하면 생각은 언제 하나?"

오죽했으면 조지 버나드 쇼가 이런 말까지 했을까?

"사람들은 일 년에 두세 번도 생각이란 걸 하지 않는다. 그리하여, 나는 일주일에 한두 번의 생각만으로 세계적 명성을 얻었다."

아이들에게 공부도 하면서, 생각도 하게 해주자. 아이들이 생각을 가장 많이 하도록 만드는 생각 도구가 바로 책 쓰기라는 사실을 아는 사람은 많지 않다. 책을 쓰게 하면, 엄청난 생각을 스스로 하게 된다. 그리고 그 과정을 통해 생각을 반복한다. 그 과정을 통해 아이들은 스스로 생각하는 힘을 기른다. 이런 습관이 형성되면 평생 그 아이는 스스로 생각하는 힘 센 사람이 된다. 스스로 생각하는 힘을 가진 사람만큼 인생을 제대로 잘 사는 사람은 없다. 책 쓰기는 그래서 최고의 공부이며, 최고의 인생 도구이다.

많은 사람이 생각하지 않고 그저 살아가는 것을 좋아하는 이유를 필자는 19세기 미국의 실용주의 학파에 속하는 철학자 존 듀이^{John Dewey}의 표현을 빌려서 대답하고자 한다.

"우리는 문제에 직면해야 비로소 생각한다."

그렇다. 인간은 이처럼 본성적으로 게으른 동물이다. 하지 않아도 된다면 굳이 하지 않는다. 문제에 직면하지 않으면 생각이란 것을 절대 하지 않는다. 그래서 공부만 하는 아이는 생각하는 것 대신에 암기하려고 하고, 남이 고생해서 깨달은 사실을 이해하고, 수용하려고만 한다.

수학 시간이 괴로운 이유는 하기 싫은 생각을 하게 만들기 때문이다. 책을 쓰면, 그 과정은 오롯이 문제에 직면하는 과정이 된다. 비로소 생각할 필요가 생기고, 생각을 한다. 그렇게 생각하는 힘이 생긴다.

책 쓰기는
아이를 철학자로 만든다

책을 쓰는 것은 스스로를 철학자로 만드는 것이다. 아이들이 책을 쓴다면 틀림없이 철학자가 될 것이며, 사고하는 법을 배운 아이들은 스스로 자신의 삶을 통제할 수 있다. 다른 사람의 주장을 따라 좌지우지되지 않고, 무게를 잡고 스스로 생각하고 결정을 내리는 아이가 된다. 이런 아이가 훌륭한 아이라는 사실에는 그 누구도 이견을 제시하지 않을 것이다.

실제로 책 쓰기를 통해 철학자가 된 사람이 있다. 바로 헨리 데이비드 소로다.

그는 2년 2개월 2일 동안 복잡하고 정신없는 삶을 버리고, 단순하고 간소하고 독립적이고 의도적인 삶을 살기로 하고, 아름다운 호숫가에서 생활하면서 자신의 힘만으로 집을 짓고 자급자족하였다. 이렇게 도시를 떠나서 자연 속에서 사는 사람들이 요즘 적지 않다.

　TV 프로그램에도 〈나는 자연인이다〉라는 프로그램이 있다. 이 프로그램을 보면, 도시를 떠나 혼자 자급자족하면서 산속에서 사는 사람들이 많다는 사실에 충격을 받는다. 그들은 헨리 데이비드 소로와 거의 비슷한 삶을 살고 있다. 그것도 2년이 아니라 수십 년 산 사람도 있다. 그런데 왜 그들은 모두 철학자가 되지 못했을까? 바로 철학자가 되느냐 안 되느냐는 환경이 결정하는 것이 아니라, 책을 쓰느냐 안 쓰느냐가 결정하기 때문이다.

> "내가 숲속으로 들어간 것은 인생을 의도적으로 살아보기 위해서였으며, 인생의 본질적인 사실들만을 직면해보려는 것이었으며, 인생이 가르치는 바를 내가 배울 수 있는지 알아보고자 했던 것이며, 그리하여 마침내 죽음을 맞이했을 때 내가 헛된 삶을 살았구나 하고 깨닫는 일이 없도록 하기 위해서였다. 나는 삶이 아닌 것은 살지 않으려고 했으니, 삶은 그처럼 소중한 것이다."
>
> _ 헨리 데이비드 소로, 〈월든〉 중

　만약에 데이비드 소로가 책 쓰기를 하지 않고, 2년 2개월 동안 아름다운 호숫가에서 그냥 생활만 했다면 어떻게 되었을까? 그렇다면 우리는 〈월든〉이라는 고전을 접할 수 없었을 것이다. 책 쓰기를 했기 때문에 그는 더 철학자가 될 수 있었고, 우리가 그의 책의 통해 많은 것을 배우고 생각할 수 있었던 것이다.

창의적 사고법 분야의 선구자이자 세계적 권위자인 에드워드 드 보노Edward de Bono는 사고의 개념을 개척한 학자이다. 그 역시 책 쓰기를 통해서 사고의 힘을 길렀던 것이 분명하다. 그리고 그 과정에서 그 역시 책을 쓸 수 있는 사람이 되었다.

여기서 '책을 쓸 수 있는 사람이 되었다'는 것은 무엇을 의미할까? 그것은 바로 그가 사고를 할 수 있는 철학자가 되었다는 것을 의미한다.

철학자는 새로운 것을 끊임없이 만들어낸다. 특히 새로운 개념을 만들어내는 사람이 철학자다. 그는 '수평적 사고Lateral thinking'라는 용어를 처음으로 만들어냈다. 그는 자신의 저서 중 하나인 〈드 보노, 생각의 공식〉이란 책을 통해 생각도 하나의 기술이라는 개념을 피력했다. 이것은 인생을 통제하고, 인생이라는 자동차를 앞으로 나아가게 하는 기술과도 같은 것이라고 말했다.

"교육이 사고의 기술에 얼마나 관심을 기울이지 않는가 하는 사실은 놀라울 정도다. 교육가들 사이에는 정보와 지능이면 충분하다는 불합리한 믿음이 있다. 하지만 지능이 자동차의 마력이라면, 사고는 자동차를 달리게 하는 기술과도 같다. 지능은 대단히 높지만 생각을 잘 못 하는 사람들이 있고 그들보다 지능은 낮지만 생각을 더 잘하는 사람들이 있다. 사고하는 법을 배우면 자신의 삶을 통제할 수 있게 된다. 상황과 감정, 다른 사람들에 의해 밀려다니는 대신 스스로 생각하고 결정을 내릴 수 있게 된다."

_에드워드 드 보노, 〈생각의 공식〉 중

생각도 하나의 기술이다. 사고하는 기술을 배우면 자신의 삶을 통제할 수 있고, 세상에 대해 큰 통찰력을 얻을 수 있다. 그 덕분에 스스로 생각하고 결정을 내릴 수 있게 된다. 철학자가 된다는 것은 여기서 크게 벗어나지 않는다. 세상이 어떻게 움직이고, 무엇이 진리인지 끊임없이 생각하는 사람이 철학자이다.

책을 쓰는 것은 스스로 끊임없이 답을 찾고, 생각하고, 관찰하는 일이다. 그래서 책을 쓰는 아이를 만들면, 그것은 곧 철학자 한 명을 탄생시키는 것과 다를 바가 없다.

학생이 아닌
꼬마 학자가 된다

부모가 아이들에게 공부만 시키면 아이들을 공부를 잘하는 학생으로 만들 수는 있지만, 학생의 수준에 머문다. 하지만 책 쓰는 아이로 만들면, 이야기는 달라진다. 책을 쓴다는 것은 바로 그 분야에서 학자가 되는 것과 다름없다.

물론 어른의 수준처럼 단번에 도약할 수는 없다. 하지만 초등학생이 책을 쓰면 학자의 생각을 가지고, 학자의 시각으로, 학자처럼 문제를 풀어나가게 된다. 이런 생각 습관과 행동 양식은 아이의 미래에 큰 영향을 끼친다. 초등학생이 학자의 생각을 가지고, 학자처럼 세상을 바라보며 문제를 풀어나가면, 그 아이는 틀림없이 훗날 어른이 되었을 때, 위대한 학자가 될 것이다.

책 쓰기는 어떤 문제의 요인을 파악하고, 그 문제에 대한 해답을 찾아가는 과정이다. 책 쓰기를 한다는 것은 스스로 문제를 만들고, 그 문제를 스스로 풀어나가는 전 과정을 스스로 해나가는 것을 의미한다.

이런 과정을 통해 한 권의 책을 쓴 사람이 그 분야의 책을 100권 이상 읽은 사람보다 더 권위자가 되고, 전문가가 된다. 타인이 고생해서 쓴 책을 통해 타인의 지식과 아이디어를 쉽게 수용한 사람은 지식은 많아질 수 있지만, 모든 것이 타인의 지식에 불과하다. 아인슈타인의 상대성 이론을 공부하고 습득한 사람은 그 이론에 대한 지식은 많지만, 상대성 이론의 창시자가 될 수 없다. 하지만 자신만의 새로운 이론을 만든 사람은 자신만의 분야에서 창시자가 된다.

아이를 위대한 학자로 만드는 첫걸음은 책 쓰기에 있다. 책 쓰기를 할수록 더 많은 공부를 할 수 있다. 모르는 것이 있다면 책을 쓰면 된다. 책을 쓰는 과정에서 스스로 배우고 깨우친다. 이것이 책 쓰기의 힘이다.

서문에서도 이야기했지만, 예일 대학교 샹커 교수의 말을 잊어서는 안 된다. 책 쓰기의 최고 효과를 잘 말해주기 때문이다.

> "나는 무언가를 제대로 알고 싶을 때 책을 쓴다. 책을 쓰다 보면 내가 무엇을 알고 무엇을 모르는지가 명확히 드러난다. 집필 과정에서 나 또한 배워가는 것이다."
>
> _ 샹커 교수

성공의
지름길이 된다

조지아 주립대학의 데이비드 슈워츠 교수는 성공하는 사람들은 모두 크게 생각한 사람들이라고 말한다. 그의 저작 중 하나인 〈크게 생각할수록 크게 이룬다〉라는 책은 이 주제를 잘 소개한 책이다.

"성공하는 사람은 키나 체중, 학력이나 집안 배경으로 평가되지 않는다. 그들은 생각의 크기에 따라 평가된다."

즉, 생각이 클수록 그만큼 더 성공한다. 생각이 뛰어난 사람의 수요는 언제나 부족하므로 아이들을 생각이 뛰어난 사람으로 만들면 더 크게 성공한다. 생각의 크기는 공부를 아무리 잘한대도 절대 절로 성장하지 않는다. 크게 생각하는 사람이 되려면 생각의 양을 늘려야 한다. 계속 강조하지만, 생각의 양을 늘리는 최고의 방법은 책 쓰기다.

"누구도 해낸 적 없는 성취란, 누구도 시도한 적 없는 방법을 통해서만 가능하다."

프랜시스 베이컨

성공의 비결은 누구도 시도한 적이 없는 남과 다른 방법으로 남과 다르게 행동하는 것이다.

여기서 우리는 중요한 질문을 해야 한다. 그렇다면 누구도 시도한 적 없는 방법을 통해 누구도 해낸 적이 없는 성취를 거둔 사례는 무엇일까? 여기 우리가 익히 아는 트로이 목마의 사례를 들 수 있다.

그리스는 트로이를 10년 동안 공격했지만 트로이 성벽을 돌파할 수 없었다. 그랬던 트로이 성벽을 그들이 하루아침에 돌파할 수 있었던 비결은 뛰어난 생각에 있었다.

많은 사람이 아는 이야기이지만, 그리스는 트로이 목마를 만들어 그 안에 군인들을 매복시켰다. 그리고 트로이인들을 안심시키기 위해서 퇴각한 것처럼 꾸미고, 선물로 트로이 목마를 남겼다. 트로이인들은 아무 의심 없이 그 트로이 목마를 성안에 들였고, 승리 파티를 벌였다.

그렇게 방심하고 술을 잔뜩 마신 트로이인들에게 큰 불행이 닥쳐왔다. 트로이 목마 안에는 그리스 군인들이 숨어있었다. 그리스 군인들은 피 한 방울 흘리지 않고 트로이 성안에 들어갈 수 있었다. 이런 기상천

외한 방법을 통해, 결국 10년 동안 할 수 없었던 일을 하룻밤 사이에 해내는 성과를 거두게 되었던 것이다.

트로이 목마의 성공 사례가 우리에게 시사하는 바는 무엇일까? 그것은 생각이 뛰어난 사람이 되면, 전쟁을 하더라도 쉽게 승리할 수 있다는 사실이다. 사실 이 세상은 전쟁과 같은 경쟁 사회다. 우리 아이들이 좀 더 생각이 뛰어나면 더 쉽게 인생을 헤쳐 나가며 승리하고 성공할 수 있을 것이다. 그리고 생각이 뛰어난 아이를 만드는 것은 주입식 교육이나 공부나 독서가 아니다. 독서로는 부족하다. 책 쓰기가 생각이 뛰어난 아이를 만든다.

이제 "어떠한 사람이 성공하며, 성공할 확률이 더 높을까?"라는 질문에 답할 수 있을 듯하다.

"현명한 사람은 자기가 발견하는 것보다 더 많은 기회를 만들려고 한다"라는 프랜시스 베이컨의 말처럼 남들보다 더 많은 기회를 만드는 사람이 그렇지 못한 사람보다 훨씬 더 성공할 공산이 크다. 그리고 자기를 발견하는 것보다 더 많은 기회를 만드는 사람은 세상을 더 넓게, 더 깊게 바라보는 사람이다. 이런 사람은 책 쓰기를 통해 만들 수 있다. 책을 쓰면 현명한 사람이 될 수 있다. 현명한 사람이 되면 그만큼 더 성공할 확률이 높아진다.

생각의 질과 양을 통해
성공한다

책을 쓰면 부자가 될 수 있다.

사실이다. 책을 쓰는 사람과 쓰지 않는 사람의 사회적 지위와 부의 격차는 분명하게 생긴다. 우리 주위를 둘러봐도 그렇다. 책을 잘 쓰는 사람은 경제적으로 큰 어려움 없이 살아간다.

그 이유는 무엇일까? 이 이유에 대해서 누군가 현답을 제시했다.

> "남보다 2배 생각하는 사람은 10배의 수입을 올릴 수 있다. 3배를 생각하는 사람은 100배의 돈을 벌 수 있다."

3대 경영 구루 중 한 명인 오마에 겐이치의 말이다. 그는 생각의 힘이 산술적이 아닌 기하급수적으로 발전한다는 점을 생각한 최초의 사람이다. 그 역시 생각하는 힘이 굉장히 뛰어난 사람이었고, 그 덕분에 3

대 경영 구루 중 한 명이 될 수 있었다. 그런데 그가 한 말의 내용은 충격적인 수준이다. "남보다 생각을 2배 하면 10배의 수입을, 3배 하면 100배의 수입을 낼 수 있다"니 말이다.

생각을 남들보다 많이 하게 만드는 직업은 바로 책 쓰기다. 책을 쓰는 과정을 통해 생각의 양이 기하급수적으로 많아진다. 그 결과 책을 많이 쓰는 사람은 위대한 학자도 될 수 있고, 세상을 남들보다 더 넓게 바라볼 수도 있고, 복잡한 난제를 명쾌하게 해결할 수도 있고, 남들보다 훨씬 더 많은 부를 쌓을 수도 있다.

책 쓰는 아이로 성장시키면, 그 아이는 분명 남들보다 더 큰 부자가 될 수 있다. 이것보다 더 중요한 것이 있을까?

생각해보자. 왜 생각을 2배 하는 사람보다 3배 하는 사람의 수입이 10배 이상 많아지는 것일지? 그것은 위대한 성공, 위대한 기업으로 도약하게 해주는 힘이 생각의 힘이기 때문이다.

위대한 기업으로 도약하는 회사와 위대한 경영자들에게는 한 가지 공통점이 있다. 바로 '생각think'을 남들보다 몇 배, 혹은 몇십 배 중요하게 여긴다는 사실이다. 그들은 중요하게 생각만 하는 것이 아니라 실제로 생각하고 또 생각하기 위해 자신의 시간과 노력과 물질을 투자한다. 그들에게 가장 중요한 것은 생각이다. 그들은 항상 생각하며, 생각하기 위한 시간을 가장 먼저 확보하기 위해 실제로 아주 많은 노력을 한다.

인류에게 스마트폰 혁명을 불러일으킨 창조적 혁신가인 스티브 잡스, 마이크로소프트사의 빌 게이츠 역시 그렇다.

애플의 슬로건이기도 하면서 스티브 잡스가 항상 강조한 것은 '다르게 생각하라Think different'였다. 많은 사람들이 생각하는 훈련조차 되어 있지 않아서 남과 다르게 생각하라는 것이 무슨 의미인지조차도 모를 것이다.

애플과 스티브 잡스가 인류에게 스마트폰 혁명을 가져다준 혁신기업과 창조가가 될 수 있었던 힘은 바로 생각에서 비롯되었다. 스티브 잡스야말로 남들보다 서너 배 더 생각했던 인물이었다. 그것도 남과 다르게 한 차원 높게 생각했다.

그리고 아마 마이크로소프트사의 빌 게이츠는 스티브 잡스보다 생각을 더 많이 중시한 사람인 것 같다. 그는 생각의 중요성을 누구보다 잘 알아서, 반드시 일 년에 두 번씩은 일주일 동안 일하지 않고, 외부 세계와 동떨어진 외딴 별장에서 '생각'만 하는 기간인 '생각주간Think week'을 가진다. 더 나아가 자신뿐만 아니라 임원들과 간부들에게도 똑같이 '생각'을 유도하기 위한 '생각주간'을 가지도록 권장하고, 실행하고 있다. 마이크로소프트사가 오랫동안 장수 기업으로 성장할 수 있었던 배경에는 이 생각의 힘이 작용했을 것이다.

〈꿀벌과 게릴라〉라는 위대한 걸작의 작가이자 경영 구루인 런던 비즈

니스 스쿨 게리 해멀 교수도 IBM을 살린 것은 다름 아닌 '생각'이었다고 강조한 바 있다.

> "90년대 초 적자의 IBM을 살린 것은 기술이나 지식이 아니라 혁신적인 '생각'이었다."

위대한 생각, 혁신적인 생각, 남들보다 더 많은 양의 생각은 위대한 기업을 만들고, 그 생각의 힘으로 어마어마한 이윤을 남긴다. 이런 현상은 개인에게도 그대로 적용된다. 남들보다 더 많이 생각하고 혁신적인 생각을 하는 아이들은 당연히 남들보다 더 많은 부를 차지할 수밖에 없다.

책을 쓰는 아이들이 생각을 통해 부자가 되고 성공할 확률이 높다면 부모 입장에서 아이들에게 책 쓰기를 권장하지 않을 이유는 없다. 공부 역시 더 잘하게 될 것은 두말하면 잔소리다.

인간의 가치와 가능성, 창의력을 높여줄 수 있는 배
움이란 무엇인가? 이를 위해 우리는 무엇을 어떻게
가르치고 배워야 하는가? 뇌 과학의 발달로 지능과
두뇌 활동의 비밀이 밝혀지고 있지만 현대사회의 교
육은 점점 더 기능적으로만 치닫고 있을 뿐만 아니
라 파편화된 지식을 무의미하게 쌓아가는 학습방법
들이 만연해있다.

- 하워드 가드너의 <인간은 어떻게 배우는가> 중

가짜 공부에 대한
새로운 대안

즐거운 글쓰기

진정한 배움의 길이란 무엇일까?

   많은 부모가 독서의 중요성에 대해서는 인지하지만, 책 쓰기의 중요성에 대해서는 간과하는 경향이 크다. 이유가 무엇일까?

   그것은 부모 역시도 독서해본 경험이 있지만, 책 쓰기는 본인들조차도 해본 적이 없는 분야이기 때문이다. 경험이 없기 때문에 좋은지 나쁜지를 분별하기가 힘들다. 공부라면 학교 공부, 시험 공부가 전부라는 생각이 한국 교육의 실정이다. 부모가 학교 공부, 시험 공부를 제외하고는 해본 공부가 없기 때문이다. 그렇다면 평생공부는 어떤 모습이고, 진정한 배움의 길이란 무엇일까?

   먼저 평생공부는 우리 선조들의 삶에서 배울 수 있다. 배움과 삶이 하나가 되면 그것이 평생공부며, 최고로 진정한 배움의 길이 아닐까?

필자는 10년간 100권 이상의 다양한 책들을 집필하고 출간했다. 우리 선비들의 공부법에 대해서도 책을 썼다. 제목은 〈숨겨진 0.1% 공부의 신들의 천재 공부법〉으로, 필자는 이 책을 통해 아래의 4가지 질문에 답을 했다.

- 조선 시대 0.1% 공부의 신들은 과연 어떻게 공부했을까?
- 조선 시대 진짜 0.1% 공부의 신들은 과연 무엇을 어떻게 왜 공부했을까?
- 숨겨진 0.1% 진짜 공부의 신들의 공부 비법은 과연 무엇이었을까?
- 무엇이 그들로 하여금 평생 공부에 매진하도록 하였을까?

가장 궁금했던 것은 "무엇이 그들로 하여금 천재가 되게 해주었고, 공부의 신 반열에 오르게 해주었을까?"였다. 그리고 운이 좋게도, 이 질문의 답을 찾을 수 있었다. 그것은 바로 우리 선조들의 공부 자세와 공부에 대한 남다른 높은 수준의 의식에 있었다.

"공부를 그저 출세의 수단으로만 여기면 공부도 잃고 나도 잃는다."
"백 년도 못 되는 인생이 공부를 하지 않는다면 이 세상에 살다간 보람을 어디서 찾겠는가?"

조선 최고의 공부의 신 다산 정약용 선생의 이 말처럼 우리 선조들은 공부에 대한 자세와 의식이 남달랐다.

이 책을 쓰면서 필자는 우리 선조들의 공부에 대한 생각을 크게 다섯 가지로 정리할 수 있었다. 우리 선조들이 생각한 진정한 배움의 길은 아래로 요약할 수 있다.

첫째, 공부는 인간이라면 누구나 마땅히 해야 하는 것이다.

둘째, 공부를 다른 것들의 수단으로 여겨서는 안 된다.

셋째, 공부하는 데에는 잔꾀를 부리지 않아야 한다.

넷째, 공부를 했다면 몸으로 행해야 한다.

다섯째, 공부를 했다면 자신이 겸손해져야 한다.

한마디로 우리 조상들의 공부에 대한 견해는 '사람으로서 세상에 태어났다면, 반드시 해야 하는 것이며, 그것에 진정한 기쁨과 즐거움과 삶의 의미와 인간답게 살아가는 길이 있으며, 더불어 몸으로 실천하는 행함이 어우러지는 삶'으로서 공부의 가치가 있다는 것이었다. 그 결과, 여러분이 궁금해할 조선 선비들의 대표적인 공부 비법과 특징을 간단하게 요약해보면 이렇다.

◆ 메모하고 기록하고 필기하는 공부를 하라: **다산 정약용, 명재 윤증, 세종대왕**

◆ 깊이 생각하고 깊이 궁리하는 공부를 하라: **남명 조식, 화담 서경덕, 다산 정약용**

- ◆ 반복해서 읽고 습득하는 공부를 하라: 세종대왕, 성호 이익, 퇴계 이황
- ◆ 입이 아니라 마음으로 읽는 공부를 하라: 담헌 홍대용, 퇴계 이황, 율곡 이이
- ◆ 중요한 대목은 암기하고 체득하는 공부를 하라: 담헌 홍대용
- ◆ 언제 어디서든 쉬지 않는 공부를 하라: 명재 윤증, 퇴계 이황
- ◆ 진리 탐구에 그치지 말고 실천하는 공부를 하라: 명재 윤증, 담헌 홍대용, 남명 조식
- ◆ 세상에 도움을 주고 편안케 하는 공부를 하라: 성호 이익, 연암 박지원
- ◆ 말을 적게 하고, 자랑하기 위한 공부를 경계하라: 담헌 홍대용, 퇴계 이황, 율곡 이이
- ◆ 큰 사람이 되는 공부를 하라: 명재 윤증, 율곡 이이, 화담 서경덕

이토록 공부의 길은 쉽지 않다. 특히 진정한 배움의 길은 멀고도 험하다. 하지만 우리는 여기서 가장 위대한 공부의 성과를 창출하고 몸소 그것을 평생 실천했던 두 거장을 대표적으로 살펴보고자 한다.

첫 번째 거장은 조선 최고의 지식인이자 과학자, 발명가, 혁신가, 철학자, 정치인, 의사였던 다산 정약용이고, 두 번째 거장은 세계에서 가장 위대한 글자인 한글을 창제한 성군 세종대왕이다.

이 두 거장의 공통점은 무엇일까? 다른 위대한 선비들에게서는 찾아보기 힘든 공통점이 하나 있다면 그것은 바로 '쓰기'이다.

아마 학자 중에 다산처럼 많은 양의 책을 집필한 학자는 찾아보기 힘들 것이다. 다산은 독특한 독서 기술인 '초서'를 강조했고, 평생 실천했다. 조선 시대 선비들이 그렇게 많아도, 초서를 강조하고 실천했던 학자는 다산이 유일하다.

그런데 세종대왕 역시 쓰기에 일가견이 있다. 그의 독서법이 눈으로만 읽는 독서법이 아닌 초서와 비슷한 원리의 '백독백습'이었기 때문이다. 이는 '백 번 읽고 백 번 쓰라'는 뜻이다.

먼저 배움의 참된 모습과 본을 보여준 다산 정약용 선생의 공부법에 주목해보자. 그의 공부법은 쓰기가 주축이 된 초서다. 초서 독서법 혹은 초서법을 아는 이는 그리 많지 않다. 필자가 집필하기 전까지 우리의 자랑스럽고 위대한 학자인 다산의 독서법을 일반 독자에게 소개하는 책은 단 한 권도 출간된 바가 없었다. 그래서 필자가 처음으로 초서 독서법에 대한 책을 집필하고 출간했다. 그렇게 출간된 〈초서 독서법〉은 출간되자마자 국립중앙도서관에서 그해 자기 계발 분야에서 가장 많이 읽힌 책 1위를 차지했다.

그렇다면 초서 독서법은 과연 어떤 독서법일까?

이는 한마디로, 책 읽기 기술과 책 쓰기 기술이 복합적으로 어우러진 총체적인 독서 기술이자, 책 쓰기 기술이다. 다산 선생을 위대한 학자의 반열에 올린 것은 다름 아닌 '책 쓰기 기술'초서법이었다. 초서 독서법을 좀 더 자세히 살펴보자.

약 2백 년 전에 다산 정약용 선생은 18년 동안 유배지에서 엄청난 책을 읽고 공부를 했다. 그 공부의 성과는 다산학이라는 학문을 만들 정도로 엄청났다. 뿐만 아니라 18년 동안 500권이라는 저서를 남기기까지 할 수 있었다. 이는 남다른 공부법이기도 한 '초서', 책 쓰기의 힘이라고 필자는 생각한다.

물론 18년 동안 유배지 제주에서 복사뼈가 세 번이나 구멍 날 정도로 노력했기 때문이기도 하지만, 방법이 효과적이지 못할 경우 성과는 미비할 수 있다는 것이 필자의 지론이다. 다산 선생은 초서라는 자신만의 책 쓰기 기술을 통해 남들보다 더 크게 성장할 수 있었다. 그는 책 쓰기 기술인 '초서'를 자신의 공부법으로 삼았을 뿐만 아니라 자녀들에게도 강조했다.

'초서抄書'란 책에서 중요한 부분이나 내용을 뽑아 자신의 의견과 견해를 덧붙여 책에 옮겨 쓰는 것, 즉 어떤 주제에 대한 근거나 이유를 밝히고(책의 내용을 기록하고), 여기에 자신의 새로운 주장과 견해를 서술하는 것을 말한다. 이런 점에서 필사筆寫와 다르다.

필사는 그냥 베껴 쓰는 것이지만, 초서는 책의 내용 중 중요한 부분만을 뽑아 정리하면서 동시에 자신의 새로운 주장과 견해를 반드시 함께 쓰는 것이다. 결국 초서의 핵심은 '쓰기'다. 초서는 쓰기를 많이 하게 한다. 그래서 초서를 계속 하면 결국 책을 많이 쓰는 것이 된다. 필자는 개인적으로 필사가 아닌 초서를 독서법으로 추천한다.

필자는 초서가 지금처럼 너무나 많은 책들, 많은 작가가 넘치는 시대에 더욱더 필요한, 즉 이 시대의 흐름에 맞는 통합적인 독서법이라고 생각해왔다. 하지만 이젠 이것도 수정이 필요하다. 초서는 독서법이기 이전에 책 쓰기 기술이며, 책의 내용을 이해하고 정리한다는 것은 결국 좀 더 나은 책을 쓰기 위한 준비 작업인 것이다. 즉, 초서는 단순한 독서법을 뛰어넘는 '책 쓰기 기술'이다.

> "학이불사즉망, 사이불학즉태(學而不思卽罔 思而不學卽殆): 배우고 생각하지 않으면 어리석어지고, 생각하기만 하고 배우지 않으면 위태로워진다."
>
> _공자

공자의 이 말은 초서가 얼마나 훌륭한 공부의 대안이 되는 책 쓰기 기술인가를 잘 말해준다.

배우기만 하고 생각하지 않으면 어리석어진다. 그리고 반대로 생각하기만 하고 배우지 않으면 위태로워진다. 한국의 교육은 배우기만 하는 교육이다. 그래서 어리석어지는 공부라면, 초서라는 책 쓰기 교육은 배움과 생각하기 두 가지 모두를 놓치지 않는 현명한 공부법이라고 할 수 있다.

초서의 중요성을 잘 안 다산은 두 아들에게 늘 초서를 강조했다.

다산 선생이 둘째 아들인 학유에게 부치는 편지 중에는 독서에 대해 아들에게 당부하는 내용이 나온다. 그런데 초서 얘기는 늘 나올 뿐 아니라 독서보다 더 강조되는 듯하다.

> "초서하는 방법은 반드시 먼저 자기의 뜻을 정해 만들 책의 규모와 편목을 세운 뒤에 남의 책에서 간추려내야 맥락이 묘미가 있게 된다. 만약 그 규모와 목차 외에도 꼭 뽑아야 할 곳이 있을 때는 별도로 책을 만들어 좋은 것이 있을 때마다 기록해 넣어야만 힘을 얻을 곳이 있게 된다. 고기 그물을 쳐놓으면 기러기란 놈도 걸리게 마련인데 어찌 버리겠느냐?"

그런데 이것보다 더 초서의 효과를 강조한 대목이 있다. 〈다산 선생 지식 경영법〉이란 책을 보면 다산 선생이 얼마나 초서의 효과를 강조했는지 생생하게 느낄 수 있는 편지가 소개된다. 아래는 그가 초서의 방법에 회의를 느끼고 초서의 효과를 의심하던 두 아들에게 보낸 '두 아들에게 답함'이라는 편지 내용 중에 일부이다.

> "학문의 요령은 전에 이미 말했거늘, 네가 필시 이를 잊은 게로구나. 그렇지 않고서야 어찌 초서의 효과를 의심하여 이 같은 질문을 한단 말이냐? 무릇 한 권의 책을 얻더라도 내 학문에 보탬이 될 만한 것은 채록하여 모으고, 그렇지 않은 것은 눈길도 주지 말아야 한다. 이렇게 한다면 비록 백 권의 책이라도 열흘 공부거리에 지나지 않는다."

_ 정민, 〈다산 선생 지식 경영법〉 중

그의 편지에는 '중요한 내용을 베껴 쓰는 일을 그만두어서는 안 된다'나 '책에서 뽑아내면 바야흐로 일관되게 꿰는 묘미가 있다'라고 말하는 대목이 자주 나온다. 한마디로 다산 선생의 공부법의 핵심은 '부지런히 초록하고 쉴 새 없이 기록하는 것'이었다. 여기서 간과해선 안 되는 것이 쓰기를 하면서 일관되게 꿰는 묘미다.

필자가 책 쓰기 수업을 하면서, '책 쓰기는 한마디로 구슬이 서 말이라도 잘 꿰는 기술'이라는 말을 자주 하는데, 이것이 우연의 일치는 아닐 것이다.

다른 학자가 이 부분을 조금 다르게 해석하여 소개한 부분이 있다. 좀 더 정확한 이해를 돕기 위해 이것도 살펴보자.

> "책의 내용을 가려 뽑는 방법(초서)은 나의 학문에 먼저 주관이 확립된 뒤에야 옳고 그름을 판단할 수 있는 저울이 마음속에 있어서 취사선택이 어렵지 않게 되는 것이다.
>
> 김건우, <옛사람 59인의 공부 산책> 중

그의 남다른 공부법이 18년 동안의 유배지 생활에서 500권이라는 엄청난 책을 쓰게 해주었다고 필자는 생각한다. 다산 선생이 초서 공부를 매우 중요시 여겼다는 사실은 정민 선생의 <삶을 바꾼 만남>이라는 책에서도 쉽게 찾아볼 수 있다.

"다산은 초서 공부를 대단히 중시했다. '제대로만 익히면 1백 권의 책을 열흘에 해치울 수 있다. 공부에는 요령이 필요하다. 초서를 통해 그 요령을 익힐수가 있다. 덮어놓고 읽지 말고 가려서 읽어라. 처음 보는 내용은 따로 적어두어야 한다. 탄식만 하지 말고 모르면 물어라.'"

_ 정민, 〈삶을 바꾼 만남〉 중

다산 선생은 과장 없이 초서법을 통해서라면 백 권의 책도 열흘의 공부면 충분하다고 말했다. 다산 선생이 다방면에 걸쳐 500여 권의 책을 저술한 것을 보면 그의 말이 허투루 하는 말이 절대 아니라는 사실을 알 수 있을 것이다. 공부의 성과 측면에서 쓰기보다 더 강력한 공부 도구는 없을 것 같다. 책 쓰기를 잘하는 아이로 성장시키면, 그 아이의 미래는 매우 밝을 것이다. 초등 책 쓰기 혁명이 필요한 이유이기도 하다. 게다 다산 선생의 초서 기술은 중국의 국부 마오쩌둥의 독특한 독서법과도 매우 닮아있다. 이것은 세종대왕의 독서법과도 비슷하다. 이 세 사람의 공통점은 붓을 움직여서 쓴다는 것에 있다.

"붓을 움직이지 않는 독서는 독서가 아니다."

정말 세종대왕의 독서법인 '백독백습百讀百習'과 닮아있다. 어린 시절부터 세종대왕의 독서법 습관은 '백 번 읽으면 백 번 쓰는 것'이었다. 아버지 태종이 준 책을 그렇게 읽으면서 썼다고 한다. 〈사서삼경〉을 비롯한

5장 • 가짜 공부에 대한 새로운 대안

107

어떤 책이든 밤을 새워 가며 읽고, 한 번 읽을 때마다 동시에 한 번 쓴 다음 '바를 정' 자를 표시해 나갔다고 한다. 책을 눈으로 읽기만 하지 않고 썼다는 것인데, 그것도 열 번이 아닌 백 번 했다는 것이다.

우리는 진정한 배움의 길을 늘 고민해야 하는 처지다. 앞으로는 독서 만으로는 그 해답을 찾기가 매우 힘들 것이다. 그 과정에서 책을 쓰는 일을 택한다면 좀 더 좋은 해답을 쉽게 발견할 수도 있을 것이다. 무엇이 진정한 배움일까? 진정한 배움의 길은 과연 무엇인지 알기 위해서라도 지금부터 책 쓰기를 시작해 보는 것은 어떨까?

진짜 문제해결 능력이
강해진다

독서, 책 읽기에 편중된 공부 방식에는 문제가 많다. 공부라고 하면 일방적으로 수용하는 것, 배우는 것이라는 고정관념도 문제다. 선진국일수록 일방적으로 교사가 아이들에게 지식을 전달하는 것이 아니라 주고받으면서 아이들이 스스로 생각하도록 한다.

한국의 교육열은 세계 최고지만, 언제나 교육 성과를 확신할 수 없었다. 공부하는 시간은 너무 많지만, 주입식, 단답식, 객관식이며, 정작 스스로 생각하고 만들어내고 창출하는 습관은 매우 적은 아이들, 즉 똑똑한 바보를 만드는 우리나라의 교육을 언제까지 지속할 것인지 스스로 물어봐야 할 것 같다.

진짜 세상은 모두 주관식이고, 스스로 답을 찾아내고 만들어야 한다. 독서를 하며 같은 시간에 책 쓰기도 병행한다면 어마어마한 성과를 누릴 것이다. 가장 큰 성과는 아이들이 스스로 생각해 문제를 해결하는 진짜 해결력이 향상된다는 것이다. 책을 쓰는 원리가 진짜 문제를 스스로 발견하고, 그것에 대한 자신의 생각을 스스로 만드는 과정이기 때문이다. 문제를 스스로 발견한다는 것은 문제를 스스로 만든다는 것을 의미한다. 문제를 스스로 만든 아이는 그 문제의 해답도 스스로 찾아낼 수 있다. 그야말로 독창적인 사람이 되는 것이다.

독서에만 편중된 아이는 늘 누가 만들어준 문제를 풀기에만 급급하다. 누가 밥상을 다 차려주면 그것을 먹기만 하는 아이와 스스로 밥상을 차릴 수 있는 아이의 생존력에는 큰 차이가 있다. 한국 학생이 하버드에 입학은 잘하지만, 졸업을 못 하고 중도 포기하는 학생이 다른 나라에 비해 많다는 것은 한국식 교육이 단답식이라는 것을 의미한다.

진짜 문제에 강해지는 교육이 필요하다. 교육 시스템을 다 바꾸면 가능할지도 모르지만, 당장은 불가능하다. 실제로 교육 시스템은 지난 100년 동안 하나도 바뀌지 않았다. 그렇다면 지금 실행 가능한 다른 대안은 무엇일까? 책 쓰기 교육이 그 대안이다.

책 쓰기 교육은 아이들에게 스스로 생각하는 힘을 길러준다. 사고력을 향상시키고, 표현력을 다듬어주고, 자신이 아는 것과 모르는 것에 대한 메타인지 기능을 극대화시킨다. 이는 굉장히 중요하다. 자신이 아는 것과 모르는 것을 인지하는 것은 제대로 된 교육의 출발점이다.

자기주도학습이
저절로 된다

책 쓰기 교육은 가정에서나 학교에서 모두 도입할 수 있다. 아이들이 책을 쓰게 되면, 누가 시키지 않아도 자기주도학습에 저절로 빠져들게 된다.

책 쓰기는 누군가에 의해서 할 수 없다. 스스로 펜을 들고 생각하고, 생각한 것을 노트에 써야 하기 때문이다. 책 쓰기는 한마디로 자기주도학습의 요체다.

자기주도학습은 배움의 주체인 교육 참여자가 스스로 학습의 참여 여부를 결정하고, 학습의 목표를 설정하고, 학습해 나갈 프로그램을 선택하고, 학습의 결과를 평가까지 하는 것이다. 여기서 가장 중요한 것은 스스로 선택하고 결정하고 실천한다는 점이다.

책 쓰기 교육은 이처럼 처음부터 끝까지 본인 스스로 하는 것이다.

그래서 책 쓰기는 자기주도학습의 끝판왕이다.

예를 들어 '숫자의 시작'이라는 제목으로 책을 쓴다고 가정해보자. 주입식, 이해식의 지식 전달과 지식 축적의 일방적인 교육이 아니라, 책을 쓰기 위해 스스로 자신의 학습 수준과 범위, 목표를 결정할 수 있다. 먼저 목차를 구성하면서 숫자의 시작에 대해 자신이 어느 정도 깊이로 들어가서 어느 정도 범위의 책을 쓸 것인지 설정해야 한다. 책 쓰기는 철저하게 책을 쓰는 사람의 지적 수준에 맞게 구성된다. 그래서 맞춤식 교육이 가능하다.

학습의 목표와 범위, 학습의 내용과 방향까지도 모두 스스로 결정하고 선택한다. 만약에 전 과목을 책 쓰기 교육을 적용해 진행한다면 정말 그 성과는 어마어마할 것이다. 사실 미국 하버드 대학원은 이러한 책 쓰기 교육을 이미 하고 있다.

교수는 어떤 주제에 대해 질문을 던지고, 그 질문과 주제와 관련된 수십 권 이상의 책 리스트를 학생들에게 알려주고, 그 질문에 대한 정답을 리포트로 작성해 오라고 한다. 사실 이것은 한국 대학에서 흔히 접할 수 있는 수준의 리포트가 아니다. 그냥 한 권의 책 혹은 논문이다. 책 쓰기가 거의 일상화된 곳이 미국의 하버드 대학이다. 그리고 그 대학은 세계 최고의 인재를 많이 배출하기로 소문난 세계 최고의 명문 대학이 되었다.

어떤 글쓰기 책에서 필자는 이러한 이야기를 읽었다.

하버드 대학교의 로빈 워드 교수가 하버드를 졸업한 40대 1,600여 명에게 아주 재미있는 질문을 했다. 하버드 대학교에 다니면서 받은 수업 중에 어떤 수업이 가장 삶에 도움이 되었는지를 질문했는데, 공통적으로 응답자의 90% 이상이 동일한 수업을 지목했다고 한다. 그것은 바로 '글쓰기 수업'이었다.

하버드생은 학교를 다니면서 종이 무게로 무려 50kg이나 되는 양의 글을 써내야 한다고 한다. 이렇게 많은 글쓰기를 하는 학생들이 세계 최고의 리더가 되고, 성공하는 것은 어쩌면 당연하다.

우리는 책 쓰기를 통해서 큰 성장과 도약을 할 수 있다. 책 쓰기라고 단행본으로 출간하는 형태만 생각할 필요는 없다. 일기나 에세이 쓰기, 리포터 작성하기, 논문 쓰기 등도 다 책 쓰기의 하나다.

석박사 학위를 받기 위해 논문을 반드시 써야 하는 이유도 책 쓰기의 중요성 때문이다. 아무리 많이 배우고 지식을 많이 가졌다고 해도 자신만의 논문이 없다면 실력과 권위를 인정받기 힘들다. 논문을 쓰면서 학생들은 비로소 책 쓰기가 가져다주는 위력과 성과를 배우고 경험한다. 초등학생이 책 쓰기를 한다면 정말 똑똑한 아이, 먼 훗날 훌륭한 인재가 될 것은 분명한 사실이다.

공부하지 않아도
잘 살 수 있다

우리가 자녀들에게 그렇게 공부를 강요하는 이유는 무엇일까? 단 한 가지다. 자녀들이 좀 더 좋은 인생, 남보란 듯이 잘 먹고 잘 사는 인생, 훌륭한 인생을 살게 하고 싶기 때문이다.

그래서 공부가 성공하는 유일한 길이었다. 공부를 잘해서 명문대를 졸업하거나 의사나 변호사가 되면 일단 남들보다 잘 먹고 잘 살 수 있었다. 하지만 이제는 시대가 달라졌다. 학력이 낮은 사람도 고학력자 못지않게 잘 먹고 잘 사는 시대가 되었다. 새로운 직업이 대거 탄생했기 때문이다. 그중에서 가장 돋보이는 것이 유튜버라는 신종 직업이다. 세상에 나타난 지는 얼마 되지 않지만, 그 파급효과는 어마어마하다. 어느새 초등학생이 가장 원하는 직업은 연예인보다도 유튜버. 이제는 공부하지 않고도 잘 먹고 잘 사는 길이 다양하게 펼쳐져 있다.

과거처럼 인생 성공길이 정해진 한두 가지 경로이던 시절이 아니다. 너무나 많은 것이 달라졌다. 앞으로는 더 많은 것들이 생기고 달라질 것이다. 코로나 19가 갑자기 생겨서 온 세상은 어제와 전혀 다른 삶을 살아간다. 마음대로 가던 해외여행을 떠나기도 사실상 부담이 크고, 가지 않는 사람이 많아졌다. 오죽했으면 큰 여행사가 직원들을 수백 명 내보낼 결단까지 할까? 세상이 급변했고, 지금도 급변하고, 미래에는 더 급변할 것이다. 그런데 언제까지 과거의 성공 공식인 명문대 졸업, 의사 변호사 자격증 취득, 대기업 취업 등에 목숨을 걸 것인가?

공부를 못 하는 것보다 잘하는 것이 좋지만, 공부하지 않고 더 나은 인생, 더 훌륭한 인생, 더 똑똑한 인생을 우리 자녀가 살 수 있고, 그런 길이 있다면 어느 부모가 마다할 이유가 있겠는가?

그 길이 바로 책 쓰기 교육을 시키는 것이다. 교육이라는 거창한 말을 빼고, 그냥 책 쓰기라고 하겠다. 책 쓰기는 학교 공부를 선택하지 않고, 대체 교육인 홈스쿨링을 시키는 가정에서도 매우 유리하다. 홈스쿨링 가정에서야말로 책 쓰기만큼 좋은 대안은 없다. 1년에 한두 권의 책을 자녀가 직접 쓰고 출간하는 것은 그 자녀의 지적 능력 향상과 더불어 사회적으로 인지도를 키우는 퍼스널 마케팅을 하는 것과 다름없다.

그러므로 학교 정규 과정에 책 쓰기 과정을 넣어도 좋다. 그러면 공부를 잘하지 못하는 아이들도 의외의 두각을 나타낼 수 있다. 주입식 교육을 힘들어하는 아이들이 창의성을 발휘할 수 있다.

책 쓰기 과정을 좋아하는 아이들은 미래가 밝은 아이다. 창의성이 높고, 사고력이 뛰어나고, 호기심이 높은 아이이기 때문이다. 학교 공부는 못 하지만 사회에 나가서 성공하고 잘 사는 아이 등 그 반대의 경우도 매우 빈번하다. 이 차이는 책 쓰기를 시켜보면 더 뚜렷하게 나타날 수 있다. 만약 사고력이 뛰어나지 않은 아이라면 책 쓰기를 통해서 사고력을 향상시킬 수 있다. 책 쓰기는 학교 공부의 훌륭한 대안이면서 사회에 나가 성공하게 해주는, 인생을 좀 더 잘 살게 해주는 인생 성공 도구다.

폴란드 출신의 영국 소설가 조지프 콘래드가 바로 이런 경우다. 그는 집안이 가난하여 제대로 된 학교에 다니지 못했다. 그에게 공부는 사치였다. 그는 생계를 위해, 한창 공부할 나이인 청소년 때 힘들고 거친 선원의 일을 하면서 파도와 싸워야 했다. 하지만 그는 책을 썼고, 덕분에 영국을 대표하는 작가가 될 수 있었다. 우리가 잘 아는 영화 〈지옥의 묵시록〉의 원작 소설이 바로 그가 쓴 작품이다.

이처럼 정규 교육을 받지 못했지만, 책 쓰기를 통해 위대한 인물이 되고 성공한 이들이 적지 않다. 그중 한 명이 바로 마키아벨리다. 마키아벨리는 집이 가난해서 정규 대학 교육도 받지 못했다. 그런 그가 중요한 공직에 오를 수 있었던 비결은 바로 정규 교육도 받지 못했던 레오나르도 다빈치와 링컨이 그랬던 것과 같은 원리인 책 쓰기다. 그것도 남들보다 더 많이, 더 자주, 더 잘 썼다.

마키아벨리의 이야기를 좀 더 하면 이렇다.

근대 정치철학의 아버지로 평가받는 마키아벨리는 어떻게 교육을 제대로 받지 못했음에도 세계적인 고전인 〈로마사 논고〉와 〈군주론〉과 같은 명저를 집필했을까? 궁금하지 않은가? 그의 책 쓰기는 다산의 초서와 매우 흡사하다. 이는 필자의 책 〈초서 독서법〉에 더 상세히 설명해 놓았으니 참고 바란다.

그는 리비우스의 〈로마사〉를 읽고, 새로운 책 〈로마사 논고〉를 탄생시켰고, 매일 밤 수많은 고전들을 읽고 대화를 나눈 내용들을 요약해서 〈군주론〉이란 위대한 고전을 탄생시켰다. 그의 독서가 남들과 다른 점은 바로 쓰기에 있었다. 그는 책을 읽고 자신만의 견해를 덧붙여 책을 썼던 것이다.

'초서 독서법'은 독서법이면서 동시에 책 쓰기의 원리이다. 오직 읽기만 하는 바보에서 벗어나, 읽고 나서 반드시 새로운 무엇인가를 창조하고, 직접 자신의 손으로 책을 쓰는 일이기 때문이다. 513년부터 519년에 걸쳐서 쓰인 마키아벨리의 〈로마사 논고〉는 리비우스의 〈로마사〉 10권에 대한 그의 또 다른 책 쓰기의 결과이며, 초서의 결과라고 할 수 있다. 리비우스의 〈로마사〉를 읽고, 그 책에 대해 비판하고 취사선택하여, 생각하고 분석하고, 자신만의 견해를 만들어내고, 자신의 생각을 덧붙이며, 그는 또 다른 자신만의 책 쓰기를 실천했던 것이다.

마키아벨리가 친구에게 보낸 편지를 보면 〈군주론〉이 어떻게 탄생되었는지를 가감 없이 알 수 있다. 그는 편지에서 '그들의 세계에 전신전령으로 들어가 그들과 나눈 대화를 〈군주론〉이라는 소논문으로 정리할 생각'이라고 말한다. 여기서 우리가 주목해야 하는 것은 바로 이 대목이다. 바로 '그들과 나눈 대화'라는 부분 말이다. 결국 명저 〈군주론〉은 책과 나눈 대화를 정리한 것이다. 그리고 '그들과 나눈 대화'에서 '그들'이란 바로 위대한 고전들을 말한다.

즉, 위대한 책들을 읽고 책과 나누고 자기 자신과도 나누었다는 그 대화는, 바로 책을 읽고 생각하고 비판하고 취사선택하고 저울질한 그 모든 내용을 말하는 것이다. 마키아벨리가 매일 저녁 고전의 세계로 들어가 책과 함께 나눈 대화로 자신만의 새로운 견해를 정립해나가고 쓴 과정이 바로 새로운 책을 쓴 과정이 되었다. 책이 또 다른 책을 낳는 과정은 책 쓰기에서 가장 자연스러운 결과물이다. 그리고 가장 좋은 독서의 결과물이다.

많은 이들이 눈으로 읽기만 하고 이해하고 끝나는 독서에 길들여졌다. 하지만 진짜 공부, 진짜 독서는 읽었다면 반드시 또 다른 새로운 책으로 탄생시키는 '연결성'에 있다. 여기에는 반드시 저자만의 견해와 생각, 새로운 아이디어와 지식이 담겨야 한다.

답만 찾는
가짜 공부에서 벗어나자

한국의 지금 공부는 진짜 공부가 아니다. 가짜 공부다. 학교에서 출제하는 문제는 세상에서 발생하는 문제와 전혀 다르다. 하지만 진짜 공부를 하면 진짜 문제와 대면할 때 대처하는 성과를 기대할 수 있다. 위대한 인생과 평범한 인생은 이처럼 진짜 공부가 결정한다.

> "가장 현명한 사람은 배우고자 하는 사람이다."

탈무드의 이 말처럼 배우는 사람, 진짜 공부를 하는 사람이 가장 현명한 사람이다. 우리 아이들을 이런 사람으로 길러야 한다. 그것은 적어도 지금의 학교 공부는 아니다.

"평범한 인생과 위대한 인생을 가르는 것은 무엇인가? 능력이나 학식이나 부나 성공이 아니다. 그런 것들은 부산물에 불과하다.

평범함과 위대함을 가르는 것은 바로 '진짜 공부'이다. 진짜 위대한 인생은 자신의 삶의 주인이 되어 사는 삶이다. 진짜 공부를 통해 내공을 탄탄히 쌓고, 뿌리 깊은 나무처럼 어떤 태풍에도 흔들리지 않는 인생의 주인공으로 살아갈 때, 부와 성공은 자연스럽게 당신을 따르게 된다. 진짜 공부를 하지 않는 사람들은 부와 성공을 쫓아다니며 철새처럼 요동치는 불안한 삶을 살 수밖에 없다. 그것은 그들 내면에 공부를 통해 축적해놓은 내공과 진짜 실력이 없기 때문이다."

_ 김병완, <김병완의 공부혁명> 중

진짜 공부를 하는 사람과 가짜 공부만 한 사람의 격차는 평생을 살면서 벌어지는 것은 물론이고, 인생의 목표와 추구하는 바가 이미 다르다. 아이들에게 진짜 공부를 할 수 있는 길을 만들어줘야 한다. 험한 세상을 살면서 맞닥뜨릴 수많은 문제들을 스스로 잘 해결하고 헤쳐 나갈 수 있는 힘을 말이다.

공자는 이런 말을 한 적이 있다.

"곤이불학(困而不學) 민사위하의(民斯爲下矣): 궁지에 몰렸음에도 공부하지 않는 자는 제일 어리석은 자이다."

공자는 어려움을 겪은 후에 공부하는 사람이 같은 상황에서도 공부하지 않는 사람보다는 나은 사람이라고 했다. 그러므로 더 훌륭한 사람은 당연히 어려움을 겪지 않았음에도 평소에 공부하는 사람이다.

그럼 평소에 진짜 공부를 하는 사람은 어떤 사람일까? 많은 이들은 독서만을 최고의 공부라고 생각하지만, 말했듯 필자의 생각은 다르다. 독서는 최고의 공부가 아니다. 독서는 지식 확장을 위해서는 좋은 공부이지만, 진짜 공부는 지식 확장이 아니라 스스로 생각하는 힘을 기르고, 스스로 지식을 창출해내는 공부다. 그런 점에서 최고의 공부는 책 쓰기다.

평소에 독서만 하는 아이와 책 쓰기도 하는 아이 사이에 엄청난 격차가 생기는 이유가 바로 이것이다. 우리 아이들이 독서뿐 아니라 책 쓰기도 병행한다면 앞으로 더 훌륭하고 더 놀라운 인재들과 학자들이 많이 배출될 것이라는 점이 필자의 생각이다.

책 쓰기를 안 해본 사람은 책 쓰기가 가져다주는 놀라운 효과와 영향을 잘 알지 못한다. 필자도 10년 전, 회사 생활을 할 때는 그랬다. 심지어 책 쓰기는 나와 전혀 상관없는 일이라고 생각했다. 그때는 책 쓰기에 대한 의식과 견해가 부족했다. '나 같이 평범한 사람이 무슨 책을 쓴다고…' 하는 식으로 책 쓰기는 똑똑한 사람, 성공한 사람, 지식이 있는 사람, 능력이 있는 사람, 재주가 있는 사람만의 전유물이라고 생각했다. 하지만 이런 생각은 편견이며 고정관념에 불과했다.

　나의 경우에도 책을 쓰니 더 재주 있는 사람이 되었다. 책을 쓰면 성공하며, 더 똑똑해질 수밖에 없기 때문이다. 무엇보다 아이들이 미리 책 쓰기를 하면, 객관식 답만 찾는 수동적이고 경직된 공부에서 벗어나, 진짜 공부를 하는 습관을 기를 수 있다. 책 쓰기 교육은 최고의 공부다.

책 쓰기가
밥 먹여주는 시대다

책 쓰기 교육은 최고의 공부이면서, 최고의 직업, 일이 될 수 있다. 그것도 아주 고품격 직업이다. 직업에 귀천이 있는 것은 아니지만, 자녀가 공사 현장의 노동자가 되기를 바라는 부모는 없다. 당신이 조금 공부가 부족하고 아쉬웠더라도, 당신의 자녀는 좀 더 고상한 직업, 남들에게 존경받고, 좋은 영향력을 행사하는 리더, 사회적인 신분이 높은 사람이 되기를 바랄 것이다. 지금 이 시대의 가장 큰 특징 중 하나가 책 쓰기가 밥을 먹여주는 시대라는 점이다. 과거에는 책 쓰기가 매우 위험한 행위였다. 책을 잘못 쓰면 목숨이 위태로워졌다. 한비자나 마키아벨리가 그랬다. 책을 써서 결국 억울한 죽음을 맞이했기 때문이다. 하지만 지금 이 시대에는 책을 안 쓰면 오히려 크게 성공하지 못한다. 책 쓰기를 통해서 더 큰 부와 명예를 축적한 사람들이 이미 적지 않다.

한국에서도 책 쓰기를 통해 크게 성공한 사람이 많고, 해외의 경우는 더 많다. 책 쓰기가 밥을 먹여주는 시대다.

먼저 책 쓰기 경험이 있거나, 이미 병행 중인 직장인, 그렇지 못한 직장인 사이에는 엄연한 격차가 생긴다. 이것은 연봉이나 승진에 큰 영향을 준다. 책 쓰기를 해본 경험이 있고, 여기에 자신의 이름으로 쓴 책도 한두 권 있다면, 그 격차는 더 커진다. 일단 자신의 이름으로 된 책을 쓴 사람을 세상은 함부로 무시할 수 없다. 준전문가 이상으로 인정받을 수밖에 없다. 그것이 책 쓰기의 힘이다.

책의 진짜 주인은 누구일까? 책을 통해 돈을 버는 진짜 주인은 독자가 아니라 저자다. 그러므로 책 쓰기를 초등학생인 자녀에게 미리 가르치는 것이 매우 중요하다. 그렇다면 어떻게 자녀에게 책 쓰기를 가르치고 이끌어야 할까?

그렇게 어렵지 않다. 이 책의 6장에서 하나씩 설명하겠지만, 먼저 책 쓰기의 유익함, 그중에서도 특히 재미를 알려주어야 한다. 무에서 유를 창조하는 재미, 세상에 없던 책을 본인 스스로 만드는 재미, 어려운 문제인 난제를 스스로 선택하고 그 해결책을 찾아 떠나는 지적 모험과 스릴을 만끽하는 재미를 알려주어야 한다. 그리고 나서 꼭 해야 하는 것이 부모가 먼저 솔선수범해서 책 쓰기를 하는 것이다. 부모가 책을 쓴 경험이 한 번도 없는 경우, 아이들을 제대로 이끌 수 없다. 한마디로 책 쓰기를 해본 경험이 있는 부모는 아이를 책을 잘 쓰는 아이로 이끌 수 있지만, 경험이 없는 부모는 눈을 감고 아이를 이끄는 것과 다를 바 없다. 책 쓰기가 밥을 먹여주는 시대라면 부모가 먼저 하는 것이 순서다. 부모와 자녀가 함께 시작하는 것도 차선책이다. 함께 하나씩, 한 단계씩 이뤄가면서 서로서로 도움을 주는 것도 나쁘지 않다.

글을 쓴다는 것은 마음을 안정시키고 지적, 예술적 호기심을 채워가는 일이다. 내면 깊숙한 곳에 있는 생각과 느낌을 일기로 표현하면 자신과 대화할 수 있고 편지를 쓰면 소중한 이들에게 다가갈 수 있으며 시, 소설, 에세이, 보고서, 대본 등의 형식을 빌리면 온 세상 사람들과 소통할 수 있다. 어떤 장르든 간에 글은 인간이 고안한 도구 중에서 가장 강력한 영향을 주는 표현 방식이다. 글에서 미학적인 아름다움을 느끼는 동시에 인생의 의미를 깨닫거나 더 나은 삶을 위한 출구를 발견할 수 있기 때문이다.

- 프레드 화이트의 <글쓰기의 모든 것> 중

제 6 장

초등 책 쓰기 혁명!
이렇게 시작하라

즐거운
글 쓰 기

책 쓰기의
유익함과 재미를 말해주어라

초등 책 쓰기 혁명! 과연 어떻게 시작할 것인가? 시작은 작게, 쉽게, 부담 없이 해야 한다. 그것이 순서다. 책 쓰기는 어렵고, 거창하고, 힘든 것이 아니다. 책 쓰기의 학습 효과가 높다고 해서 재미없지 않다. 책 쓰기의 진짜 묘미와 매력과 유익함, 재미와 짜릿함을 우리 자녀들에게 알려주어야 한다.

책 쓰기의 재미는 예술가가 창작할 때 느끼는 재미와 같다. 무에서 유를 창조하는 재미, 세상에 없던 이야기를 스스로 만드는 재미, 난제를 발굴하고 그 해결책을 찾아 떠나는 지적 모험과 스릴의 재미, 독자와 소통하는 재미, 세상에 자신만의 시선을 던지고 의견을 말하는 재미, 새로운 작품이 세상에 나오는 재미 등이다.

열심히 살아서 4년제 대학교에 다니고 졸업한다고 해도 평범한 사회인이 될 뿐이다. 그리고 취업하지 못하면 백수이자 무직자로 전락한다. 졸업하면서 바로 취업한다고 해도 언제 회사에서 퇴출당하거나 회사가 문을 닫을지는 아무도 모른다.

하지만 이미 책 쓰기를 할 줄 아는 사람이라면 이야기가 달라진다. 굉장한 자신감을 가지고 회사에 다닐 수 있다. 회사에 다니는 중이거나 나와도 그는 경제 활동을 할 수 있다. 작은 책 공장을 스스로 가진 것과 다름없기 때문이다.

책 쓰기는 일단 재미도 있지만, 돈도 벌 수 있고, 사회적으로 큰 영향력을 발휘할 수 있는 발판도 된다. 책을 쓰는 사람은 평범한 사람들을 이끌고 계몽시키고 큰 영향을 주는 리더의 위치에 있다고 할 수 있다. 어떤 책을 읽었다고 독자 모두가 저자의 추종자가 되는 것은 아니지만, 잘하면 많은 독자 팬이 생긴다.

책을 쓰는 아이들은 다른 이들 앞에서 쉽게 자신의 책 이야기를 할 수도 있다. 그 일도 큰 재미가 된다. 저자가 되면 가장 놀라운 것이 방송국에서, 신문사에서 인터뷰 요청이 들어온다는 것과 여기저기서 특강 섭외가 들어온다는 것이다. 정말 놀라운 경험이다.

실제로 필자의 첫 번째 책이 베스트셀러가 되자, 여기저기서 많은 강의 요청이 들어왔고, 전국을 다니면서 강의한 적이 있다. 놀라운 경험이었다. 그 짜릿한 경험은 해본 사람만이 안다. 우리는 명심해야 한다. "인생은 짧고 예술은 길다. 기회는 달아나기 쉽고, 경험은 믿을 만한 것이 못 되며, 판단은 어렵기만 하다"라는 히포크라테스의 이 말을.

이 말처럼 기회는 달아나기 쉽다. 그래서 기회를 스스로 만드는 사람이 되어야 한다. 기회를 스스로 만드는 최고의 방법은 끊임없이 책을 쓰는 것이다. 책을 출간하면 기회가 생긴다. 책을 출간하면 없던 인생길이 만들어지고, 작가는 그 많은 길 중에 하나를 선택할 수 있다.

책을 출간하면 행복한 고민이 시작된다. 이것이 책 쓰기가 가져다주는 수많은 유익함 중에 하나다. 책 쓰기를 잘하는 아이에게는 학교 졸업장이나 자격증이 필요 없다. 물론 있으면 더 좋겠지만, 없어도 크게 지장을 받지 않는다. 좋은 학교의 간판이나 자격증은 회사에 취업할 때나 공직에 출마할 때나 도움이 된다. 하지만 책을 쓰는 사람에게는 큰 문제가 되지 않는다. 제대로 교육을 받지 못한 이들 중에서 책 쓰기를 통해 인생의 새 장을 펼친 이들이 적지 않은 이유가 바로 책 쓰기의 이런 특수성 때문이다.

책 쓰기에는 특수한 힘이 있다. 학벌이나 스펙, 인맥을 초월하는 힘이다. 바로 이런 특수한 힘 덕분에 필자 역시 학벌과 스펙, 인맥을 타파한 작은 거인이 될 수 있었다.

필자는 지난 8년 동안 한국 사회에서 변호사, 의사, 교수, 대기업 임원, 고위 공직자 등 사회적 신분과 지위를 총망라하여 각계각층의 사람들에게 책 쓰기 수업을 진행했다. 이것이 바로 학벌 타파, 스펙 타파, 인맥 타파다.

책 쓰기의 최고 유익함은 경제적으로 자유롭게 살 수 있다는 것이다. 물론 재벌 수준까지는 힘들다. 하지만 대기업 임원 정도의 경제적 자유와 사회적 자유를 누릴 수 있다. 그러면서도 자유롭다. 대기업 직원이 되거나 임원인 사람은 정말 회사에 매여 살아야 한다. 일주일 내내 정해진 시간에 출근해야 하고, 하루 종일 일에 치여야 하고, 사람에 치여야 한다. 하지만 책을 쓰는 사람은 월, 화, 수요일과 같은 평일에도 집에서 12시까지 늦잠을 잘 수 있다.

회사 생활은 현대판 노예 생활과 다름없다. 갈수록 세대는 예전만큼 기업 생활에 충실한 삶을 버티기 힘들어할 것이다. 이런 힘든 생활을 우리 아이들에게 강요하고, 평생 하라고 할 것인가? 아니면 좀 더 나은 삶을 살 수 있는 길을 열어줄 것인가? 선택할 때다.

부모가 먼저
솔선수범하라

우리 자녀에게 책 쓰기를 격려하기 전에 반드시 해야 하는 것이 있다. 부모가 먼저 솔선수범하는 것이다. 위대한 독자가 되기보다는 평범한 저자가 되는 것이 부모에게도 더 낫다. 오직 읽기만 하는 바보보다는 인생을 바꾸는 책 쓰는 사람, 작가가 되는 것이 몇백 배 더 낫다. 그러므로 당신도 시작하자.

머뭇거리지도 말고 멈추지도 말고 써 내려가야 한다. 망설이지도 말고 두려워하지도 말고 써 내려가면 된다. 처음부터 완벽하게 잘하는 사람은 없다.

다산 정약용 선생 역시 '둔필승총鈍筆勝聰'이라고 말했다. 부모들이여, 무엇이 두려운가? 필자에게 가장 큰 용기를 준 책이 있다면, 데이비드 베일즈가 쓴 〈예술가여, 무엇이 두려운가Art&Fear〉라는 책이다. 책을 쓰는 작가에 도전하고자 하는 부모들이여, 무엇이 두려운가?

필자가 자신도 두려운데 아이에게 어떻게 지도할지 두려움에 맞서야 하는 부모들에게 큰 힘이 되는 문장들을 몇 개 소개하겠다.

> "훌륭한 작품을 완벽한 작품과 동일한 것으로 생각하면 큰 오산이다. 예술은 사람이 하는 것이며 사람이라면 누구나 실수를 하기 마련이다. 그러므로 예술 작품에도 오점이 있는 것은 당연하다. 이러한 삼단논법에 의하면 그 누구의 작품에도 불가피하게 결점이 있을 수밖에 없다. 왜냐하면 우리는 인간이고, 인간만이 결점을 드러내며 예술을 창조하는 존재이기 때문이다."
>
> _ 데이비드 베일즈, <예술가여, 무엇이 두려운가> 중

그렇다. 그의 말은 백번 지당하다. 훌륭한 작품이 완벽한 작품인 것은 아니다. 사실 완벽한 작품이란 세상에 존재하지 않는다. 예술을 하는 사람 역시 인간이고, 완벽한 인간은 존재하지 않기 때문이다. 인간은 실수투성이고, 우리의 작품 역시도 그렇다. 완벽한 작품은 어차피 쓸 수도 없고, 존재하지 않는다. 또한 우리가 쓰려 하는 책은 예술 작품에 가깝지 않다. 그러므로 예술적 재능이 없는 사람도 쓸 수 있다. 심지어 베일즈는 예술가 역시 예술적 재능 없이도 될 수 있다는 주장을 피력하기도 했다.

"예술적 재능은 학습될 수 있다. '기교'는 배울 수 있는 반면에 '예술'은 신에 의해서만 주어지는 마법 같은 선물이라는 것이 일반적인 생각이다. 하지만 그렇지 않다. 크게 보았을 때, 예술가가 되는 것은 자신을 감수하는 법을 배워 작품에 개성을 싣는 것이며, 자신의 목소리를 따라가야만 자신만의 작품을 창조할 수 있다. 분명히 이러한 특성들은 학습이 가능하다. 결국 재능이라는 것도 불굴의 인내나 노력과 다른 이름이 아닌 것이다."

_ 위의 책

그렇다. 전적으로 동감한다. 예술은 재능 있는 사람에 의해 이루어지는 것이 아니다. 예술은 평범한 사람에 의해 이루어진다. 이 얼마나 용기를 주는 말인가? 하물며 일반 자기 계발서나 에세이는 타고난 재능과도 전혀 무관하다. 이 세상의 그 어떤 고전에도 지루한 부분은 있고, 결점은 있다. 그러므로 부모들이여, 무엇이 두려운가? 그냥 도전하자. 그게 낫다. 결코 완벽한 때를 기다려서도 안 된다. 완벽한 환경을 준비하느라고 시간과 에너지를 낭비해서는 안 된다. 그럴 시간에 빨리 시작해서 한두 권의 책을 만드는 경험을 얻는 것이 더 낫다.

손자병법에도 '졸속이 지완보다 낫다'는 말이 나온다. 필자는 이 말을 좋아한다. 필자의 성공 비결 중에 하나도 스피드다. 남들이 완벽한 준비와 계획을 할 때, 필자는 여러 번 도전하고 실패하고, 그 실패 경험을 통해 다시 완벽한 준비와 계획을 뛰어넘는 '실행'을 진행한다.

부모가 먼저 솔선수범해서 책을 쓰면, 그걸 곁에서 지켜보는 아이들은 자연스럽게 흉내내며 따르게 된다. 그것이 가장 좋은 교육의 본질이며 모습이다. 부모가 퇴근 후 드라마만 보면서 아이들에게 공부할 것을 강요할 수는 없다. 그것은 어불성설이다.

부모가 평범하다면 먼저 더 책 쓰기를 시작해야 한다. 책 쓰기가 그렇게 어렵고 힘들다면 필자가 어떻게 10년 동안 100권의 책을 출간하였겠는가? 실제로 필자의 조언대로 해보면, 방법만 잘 배우고 익힌다면, 책 쓰기가 그렇게 어렵지 않으며, 삶에 실질적인 큰 도움을 준다는 사실을 단박에 깨달을 것이다.

책 쓰기를 하는 사람 중에는 책 쓰기가 재미있는 하나의 취미인 사람도 있고, 말 그대로 쓰기만 하면 황금알을 낳는 황금 거위인 사람도 있다. 필자는 이 두 가지 케이스 모두에 해당한다. 필자가 책을 쓰지 않았다면 지금 누리는 사회·경제적 혜택의 십 분의 일도 경험하지 못했을 것이다. 필자가 살면서 가장 잘한 일은 책 쓰기를 시작한 것이다.

일주일에 3번,
하루 30분이면 충분하다

초등 책 쓰기 혁명을 위해 가장 좋고, 필요한 전략은 매일 책의 일부를 쓰는 것이다. 하지만 처음에는 일주일에 3번, 30분씩 하는 것도 나쁘지 않다.

가령 월, 수, 금 저녁 10시에는 30분씩 책 쓰기 교육을 하고, 화, 목, 토 오전 11시에는 30분씩 쓰는 것도 좋다. 요일과 시간은 아이들의 눈높이에 맞춰 선택하는 것이 좋다. 무엇보다 아이들이 부담을 느끼지 않는 시간과 요일을 선택하는 것이 중요하고, 지속할 수 있는 시간으로 조정하는 것이 가장 이상적이다.

즉, 지속하는 것과 정기적으로 하는 것이 가장 중요하다. 독서도 마찬가지다. 한 번에 너무 많은 양을 읽으려고 하면 아이들이 힘들어한다. 아무리 맛있는 짜장면이라고 해도 매일 먹으면 질리는 것처럼 말이다. 그런데 한 번에 열 그릇을 먹으라고 주문한다면 그것은 과욕일 것이다. 책 쓰기를 시작할 때 가장 중요한 것은 지속성이다. 지속적으로 하는 사람이 결국엔 승자가 된다.

아이들이 책 쓰기에 거부감을 느끼지 않게 하려면 한 번에 너무 오래 하거나 횟수가 너무 빈번해서는 안 된다. 아이들이 책 쓰기의 매력에 빠져서 스스로 하는 경우라면 상관없다. 하지만 그전에는 절대 너무 오래 싫증날 정도로 해서는 안 된다.

아이들이 자연스럽게 참여하도록 만드는 것도 부모의 능력이다. 아이들이 자주 정기적으로 책을 쓰는 습관을 기르게 하는 것이 중요한 포인트다.

책 쓰는 아이로 만들고, 책 쓰기 교육의 효과를 극대화하기 위해서 부모가 해야 할 한 가지 행동은 바로 칭찬이다.

아이가 어떤 문장을 쓰든 칭찬해야 한다. 아이가 어떤 책을 써도 칭찬해야 한다. 칭찬이 비난보다 훨씬 더 할 일을 잘하게 이끄는 촉진제가 되기 때문이다.

초등학생이 책을 쓴다는 자체로 칭찬 들을 자격이 충분하지 않은가? 우리가 그 나이였을 때는 책 쓰기는커녕 독서도 제대로 안 한 사람이 수두룩할 것이다. 필자도 그중 한 명이다. 물론 초등학교 때 독서를 정말 많이 하고 잘한 부모도 있겠지만 말이다.

먼저 아이와 함께 일주일에 3번 정기적으로 쓰면서 아이의 반응을 살피자. 아이가 너무 힘들어하거나, 싫어한다면 시간을 줄여야 한다. 반대로 아이가 좋아하거나 의욕을 보인다면 횟수를 증가해도 좋다. 언제나 아이의 참여 정도와 의욕에 따라서 횟수를 바꾸어야 한다. 아이가 책 쓰기의 주체이기 때문이다.

책 쓰기를 거창하게
생각하지 마라

아이에게 책 쓰기를 가르칠 때 주의해야 할 것이 있다면, 책 쓰기를 너무 거창하게 생각하게 해서는 안 된다는 점이다. 책 쓰기를 거창하게 생각할수록 부담감으로 포기하거나 시작할 수조차 없을 수 있기 때문이다. 부담감에서 벗어나 오히려 책 쓰기를 놀이터에서 노는 일처럼 생각하면 유익한 점이 많다. 필자 역시 이렇게 생각하는 1인이다.

책 쓰기를 놀이터에서 노는 일과 같다고 생각하면, 어떤 점이 유익할까? 먼저 책 쓰기에 대한 부담감을 극복하고, 없앨 수 있다.

작가에게 가장 무서운 것은 슬럼프에 빠져 단 한 문장도 쓰지 못하는 일인데, 슬럼프에 빠지는 이유를 잘 살펴보면 단 한 가지다. 바로 이전에 출간한 책보다 더 좋은 책을 써야 한다는 압박감이다. 필자도 간혹 그런 압박감을 느낀다. 하지만 그때마다 그런 부담감에서 벗어나는 최고의 주문을 건다. 그것은 바로 이것이다.

"세상에서 가장 형편없는 책을 내가 쓰고 있다."

오히려 이렇게 외치면 정말 오뉴월에 눈 녹듯 부담감은 온데간데없이 사라지고, 책 쓰기가 놀이터에서 노는 일처럼 여겨진다. 놀이터에서 노는 아이들은 놀이터에 들어갈 때, 오늘은 어떤 놀이를 할지, 누구한테 잘 보일지 등을 고민하지 않는다. 그저 즐겁게 놀 기대만 한다. 놀이터에서 노는 행위는 철저히 자신만을 위한 행위다. 책 쓰기도 같은 자세로 임할 수 있다. 이를 몰입의 권위자인 미하이 칙센트미하이^{Mihaly Csikszentmihalyi}는 '자기 목적적 행위'라고 말했다. 그것을 다시 다른 말로 표현한 것이 '플로우^{Flow}'다. 물 흐르듯이 집중한다는 뜻이다.

몰입은 중독과 엄연히 다르다. 칙센트미하이는 창의적인 화가들이 허기와 피로도 잊은 채 휴식도 취하지 않으면서도 창작 활동에 몰두하는 현상을 관찰하여 몰입의 개념을 만들었다. 몰입은 무언가에 흠뻑 빠져있는 심리적 상태를 지칭한다. 몰입의 가장 큰 특징은 바로 자기목적적 경험이다. 무엇인가를 하기 위해서, 혹은 도구로서 하는 것이 아니라 그 행위 자체가 목적이며, 그 목적의 주체는 자신의 행복이나 쾌감이다.

몰입의 두 번째 특징은 하면 할수록 에너지가 증가한다는 것이다. 밤을 새워서 무언가를 하고 나서, 신체적으로 피곤함에도 눈을 떴을 때 다시 그것을 하고 싶은 욕구를 느끼는 것이다. 밤을 새우더라도 덜 지친다. 절로 에너지가 나오기 때문이다.

만약 책 쓰기를 거창하게 생각한다면 하기도 전에 에너지가 낭비되고 부담만 생길 것이다. 하지만 놀이터에서 노는 일과 같다고 생각하면, 더 쉽게 접근하고 매일 부담 없이 할 수 있다. 하루 종일 놀이터에서 마음껏 놀고, 책도 출간하고, 부와 명예도 얻는다면 이것보다 좋은 직업이 또 있을까?

먼저 어른들이 이 관점을 이해하고, 아이들에게 책 쓰기의 문턱을 낮추어주어야 한다. 옛날에는 문턱이 너무 높아 일반인은 책을 쉽게 출간할 수 없었다. 선택받아야 했다. 하지만 지금은 문턱이 많이 낮아졌다. 책 쓰기가 혁명인 시대도 있었지만, 이제 그마저 지나 어른의 입장에서 책 쓰기는 이제 생존 수단이나 마찬가지다.

책 쓰기를 하는 사람은 생존하고 성장하고 번영하지만, 책 쓰기를 하지 않는 사람은 도태되고 뒤처지고 멸망한다. 아이들에게 남들보다 먼저 책 쓰기를 가르치고 배우고 연습시켜야 할 이유는 너무도 많다. 이를 가능하게 할 현실적인 조언 중의 하나가 책 쓰기를 너무 거창하게 생각하지도 말고, 너무 잘 쓰려고 하지도 말라는 것이다. 자신의 수준에서 자신의 눈높이에 맞춰 주위 사람에게 자신의 생각과 아이디어를 전달하기만 하면 된다.

과거에는 수직적 책 쓰기가 일반적이었다. 지식과 정보가 많은 분야의 전문가나 지식인이 자신보다 못한 일반인에게 지식을 부어주는 형태가 일반적이었다. 하지만 지금은 수평적 책 쓰기가 시장에서도 훨씬 많은 비중을 차지한다. 평범한 사람이 또 다른 평범한 이들에게 자신의 삶의 경험과 이야기를 전달해주는 방향이다.

10년 넘게 우울증과 불안장애를 앓으며 정신과를 전전했던 평범한 직장인이 자신의 삶의 경험을 담담하게 책에 실었는데, 베스트셀러가 되었다. 현대의 책 쓰기는 이처럼 수평적이다. 베스트셀러가 된 이 책의 저자가 사용한 책 쓰기 기법을 자유롭게 책을 쓰는 기법인 '프리라이팅'이라고 보면 된다. 책 쓰기가 거창한 일이 아닌 이유는 지식과 정보가 엄청나게 많아야만 책을 쓸 수 있는 시대가 아니기 때문이다.

즉, 자신의 일상이나 삶의 경험을 책에 쓰면, 그 또한 좋은 책이 될 수 있다. 〈안네의 일기〉 역시 수평적 책 쓰기의 대표적 사례다. 유대인 소녀가 제2차 세계대전 중에 은신처에서 자신이 겪었던 일들을 기록한 일기가 세계적인 베스트셀러가 되었고, 많은 이들에게 용기와 위안을 주는 고전이 되었다.

명심하자. 책 쓰기는 절대 거창한 일이 아니다. 우리의 삶이며, 일상이며, 생활 속에 있다. 우리의 삶을 통해 탄생한다.

'자유롭게 쓰기'로
시작해도 좋다

책을 쓰기 시작할 때 가장 큰 장애물은 심리적 장벽이다. 이 심리적 장벽을 깨부수기 위해 필요한 것은 '자유롭게' 쓰는 것이다. 피터 엘보는 '자유롭게 쓰기'에 대해 자신의 저서 〈힘 있는 글쓰기〉란 책을 통해 말한다.

> "자유롭게 쓰기는 내가 아는 한 글을 써내는 가장 손쉬운 방법이며 최고의 만능 연습법이다. 자유롭게 쓰기 연습을 하려면 그저 십 분간 멈추지 않고 강제로 쓰면 된다. 때로는 좋은 글이 나올 테지만 그것은 우리의 목표가 아니다. 한 주제에 집중해도 좋고 이 주제에서 다른 주제로 갈마들어도 좋다. 때로는 의식의 흐름을 잘 기록한 글이 나올 테지만, 의식의 흐름을 계속 따라가기는 무리일 것이다. 자유롭게 쓰기를 하면 때때로 가속이 붙겠지만 속도는 우리의 목표가 아니다."

_피터 엘보, 〈힘 있는 글쓰기〉 중

자유롭게 쓰기의 가장 큰 이점은 심리적 장벽을 깰 수 있다는 것이다. 우리 마음속에 존재하는 글쓰기의 부담감, 뿌리에 깔린 심리적 어려움을 덜어내어 글을 쉽게 쓰게 해주고, 책 쓰기에 돌입하게 해준다. 그리고 책 쓰는 습관을 형성하는 데도 큰 도움이 된다. 뿐만 아니라 자유롭게 쓰기는 매일 지속적으로 책을 쓸 때 꼭 필요한 글감을 떠올리는 데도 보탬이 된다. 자유롭게 쓰기를 실제 해보면 이 모든 것을 쉽게 경험할 수 있다.

가장 중요한 사실은 자유롭게 쓰기를 하면 글쓰기 실력이 향상된다는 것이다. 믿기 어렵겠지만 실제로 해보면, 그 효과에 놀라지 않을 수 없다. 물론 개인차는 있다. 하지만 하는 쪽이 하지 않는 쪽보다는 훨씬 더 성장이 빠르다.

책 쓰는 아이들에게는 이 방법이 가장 좋다. 물론 빠른 시간 내 책을 출간하고자 하는 목표를 가진 어른의 경우라면 이야기가 다르다. 빨리 책을 출간해서 자신의 사업이나 직업, 혹은 개인적인 성장에 큰 도움을 받고자 하는 성인이라면 아이의 책 쓰기와 달리, 체계적으로 책 쓰기를 배우는 것이 좋다.

출간 작가를 목표로 하는 어른과 주입식 공부를 대체할 더 나은 대안으로, 성장을 위해 책을 쓰는 아이의 경우는 다르다. 어른의 책 쓰기는 '실제' 출간이 목표여야 한다. 출간을 통해 자신의 사업과 직업에 도움을 받아야 한다. 책 쓰기가 형이상학적 의미에서 끝나면 안 되기 때문이다. 그러므로 책 쓰기는 현실적이어야 하고, 우리의 일상생활에 실질적인 도움을 주는 것이어야 한다. 하지만 아이들의 책 쓰기는 형이상학에서 시작해야 한다. 그것만 해도 아이들의 성장과 도약에 큰 도움을 주고도 남기 때문이다.

자유롭게 쓰기는 아이들에게 아주 유용한 책 쓰기 방법 중에 하나다. 자유롭게 쓰기의 대표적인 글쓰기 방법론이 프리라이팅이다.

필자가 나탈리 골드버그라는 미국 작가를 좋아한다. 그녀의 집필 스타일이 필자와 매우 흡사하기 때문이다. 그녀와 필자의 글쓰기 스타일은 한마디로 '프리라이팅Free Writing'이다.

이 스타일은 이제 하나의 기법이 되었다. 이는 '문법과 형식에 구애받지 않는 글쓰기 스타일'이다. '의식의 흐름을 따라가며 거침없이 자유롭게 글을 쓰는 자유로운 글쓰기'를 뜻한다. 이런 글쓰기는 아이들에게 더 유익하다. 아이들은 프리라이팅을 통해 더 많은 상상의 나래를 펼칠 수 있다.

프리라이팅 기법을 처음 명명한 사람은 앞서 소개한 피터 엘보로 〈선생님 없이 글쓰기Writing Without Teachers〉(1975)라는 책에서 이 기법을 처음 명명했다. 이후 나탈리 골드버그의 〈뼛속까지 내려가서 써라Writing Down the Bones〉(1986)와 줄리아 캐머런의 〈아티스트 웨이The Artist's Way〉(1992)를 통해 많은 이들에게 알려지기 시작했다.

프리 라이팅은 원래 시인들이 즐겨 쓰던 방법이다. 그런데 산문 분야에서도 이 방법을 사용해버린 것이다. 세상에 정해놓은 공식이나 길은 없다. 누가 사용하면 그것이 길이 된다. 도로시아 브랜디가 〈작가 수업〉을 통해 처음으로 이에 구현 방법을 제시했다.

필자가 작가로서의 삶을 살게 된 이유 중 하나는 글쓰기가 자유로운 행위이며, 정말로 뼛속까지 내려가서 글을 쓰는 일이 큰 희열이자 기쁨이고 치유이고 쾌락이 되었기 때문이었다. 그 과정에서 스스로 터득한 한 가지 중요한 사실이 있다. 그 한 가지 교훈은 '글쓰기는 질이 아니라 양이 모든 것을 좌우한다'는 사실이었다.

물론 책 쓰기에도 엄연히 기술이 필요하다. 자전거나 스키를 타는 것처럼 말이다. 하지만 처음부터 기술을 배울 필요는 없다. 스키를 생전 처음 타는 아이에게 스키의 최상급자 기술인 뒤로 타기를 가르칠 필요도 없고, 가르쳐서도 안 된다.

처음 시작하는 이들에게는 자유롭게 쓰기로 유도하는 것이 좋다. 어느 정도 넘어지지 않고 탈 수 있는 초중급자가 되었을 때, 미리 체험한 부모가 하나씩 문장 쓰기와 본문 쓰기를 알려주고, 더 숙달되었을 때, 다음 단계를 또 알려주면 좋다. 모든 일에는 때와 순서가 있다. 하나씩 차근차근 나아가는 것이 좋다. 아이에게 강요하거나 무리하게 억지로 매일 하도록 강요하는 일에는 오히려 부작용이 심하다. 처음에는 책 쓰는 분위기만 만들어도 효과적이다.

자유롭게 쓰는 책 쓰기의 초급자 단계를 벗어날 때쯤, 아이에게 이 책의 7장인 '최소한의 글쓰기 기술'을 가르치자. 그리고 최고 마지막 단계는 책의 11장인 '최소한의 책 쓰기 기술 4단계'임을 참고하자.

> "다른 어떤 일을 할 때도 마찬가지겠지만 글쓰기를 하고 싶다면 일정한 기술이 필요하다. 훌륭한 타자가 되고 싶다면 투수가 던진 공에 시선을 집중하는 법이나 올바로 타격하는 법을 배울 필요가 있다. 뛰어난 피아니스트가 되고 싶다면 악보를 읽고 건반 위에서 손가락 움직이는 법을 배울 필요가 있다. 이렇게 운동선수나 음악가와 마찬가지로 글 쓰는 사람 역시 글을 잘 쓰기 위해서는 일정한 기술이 필요하다는 말이다."
>
> _ 바버라 베이그, <하버드 글쓰기 강의> 중

부모라면 책 쓰기에도 기술이 필요하고, 전략이 필요하다는 사실을 알아야 한다. 하지만 책 쓰기를 처음 시작하는 아이들은 모르는 게 당연하다.

그러니 매일 일기만 쓰는 것도 훌륭한 책 쓰기의 일종임을 명심하자. '매일 지속적으로 쓰기'만 해도 우리 때보다 훨씬 더 뛰어난 아이들로 자라고 있음을 헤아리자.

좋은 글이란 훌륭한 내용(content)과 잘 짜인 형태(form)를 갖춘 글을 일컫는다. 일반적으로 잘 쓴 글은 사람의 형태와 비슷하다. 신이 정신과 육체를 염두에 두고 사람을 빚었듯이 작가는 깊고 넓은 생각을 이에 걸맞은 형태에 담아내야 한다.

따라서 좋은 글을 쓰려면 독서와 경험으로 지식을 쌓고, 이에 기초하여 세상을 보는 능력과 자기 생각을 길러서 효과적으로 독자에게 전달하는 방법을 배워야 한다. 잘 짜인 틀에 질 좋은 생각을 담을 수 있고, 마찬가지로 질 좋은 생각은 그에 상응하는 형태를 요구한다.

- 조제희의 <5,000만의 글쓰기> 중

· · · ·

제7장

행복과 성공으로
가는 마중물, 책 쓰기!

즐거운
글쓰기

이제는
책 쓰기 필수의 시대다

인류 최초로 모든 사람이 글을 쓰는 시대가 되었다. 글을 쓰지 않으면 생존할 수 없는 시대다. 직장에서는 일 자체보다도 보고서를 잘 쓰는 사람이 승진한다. 직장 생활은 짧지만, 글을 쓰는 생활은 평생 할 수 있다. 그것이 책 쓰기 혁명의 시대의 유익함이다. 평균 수명이 길어짐에 따라 책을 쓰는 일이 가장 각광받는 직업이 되었다. 믿어지는가?

> "잘난 사람, 재주 있는 사람이 책을 쓰는 것이 아니다. 책을 쓰는 사람이 재주 있는 사람이 되는 것이다."
> "자신을 넘어선 사람이 책을 쓰는 것이 아니라, 책을 쓰는 사람이 자신을 넘어서게 된다."

게다 지금은 인류 역사상 책 쓰기가 가장 좋은 시대다.

필자는 이전에 출간한 〈한 달에 한 권, 퀀텀 책 쓰기〉라는 책에서 말했다.

"시대를 변화를 깨닫지 못하고 어제와 똑같이 오늘을 살고, 오늘과 똑같이 내일을 사는 사람은 후회를 하게 된다. 구한말 시대 조선이 그랬던 것처럼 말이다. 역사의 전철을 밟지 말고 우리는 시대의 변화를 누구보다 먼저 깨닫고 앞서 나가야 한다. 이 시대는 과거와 다르다. 책 쓰기는 지식인들의 전유물이었지만, 이제는 평범한 사람들의 공유물이 되었다. 즉, 인류 역사상 책 쓰기 가장 좋은 시대가 바로 지금이다.

이유는 무엇일까?

첫 번째는 인터넷과 노트북 때문이다. 과거에는 원고지에 직접 썼다. 그래서 퇴고도 힘들고 공유도 힘들었지만, 이제는 너무나 편하고 쉽다.

두 번째는 참조할 콘텐츠와 책들이 차고 넘치고 너무나 쉽게 구할 수 있다. 접근성이 너무 좋아졌고, 책의 종류와 분야가 너무나 풍요로워졌다. 과거에는 한 권의 책을 구하는 것도 어마어마한 가격에, 아무리 많은 돈을 준다고 해도 구하는 것 자체가 힘들 정도였다. 하지만 이제는 책 가격이 너무나 저렴해졌고, 구하기가 너무나 쉬워졌고, 접근성이 너무 좋아졌다.

세 번째는 원고를 투고할 출판사가 너무나 많아졌고, 원고 투고 자체가 너무나 쉬워졌고, 빨라졌다. 과거에는 출판사 한 군데와 원고를 주고 검토받는 데에도 한두 달이 걸렸고, 그래서 수십 군데 출판사에 원고 투고를 하고 퇴짜를 받게 되면 몇 년 이상이 소요되었다. 하지만 지금은 단 5분이면 800군데 출판사에 원고 투고를 할 수 있다.

네 번째는 알게 모르게 모든 사람들이 글쓰기를 하고 있는 시대이기 때문이다. 우리는 알게 모르게 트위터, 페이스북, 블로그, 인스타그램 등을 매일 사용한다. 알게 모르게 글쓰기와 매우 익숙한 시대를 살아가고 있다. 트위터나 페이스북, 블로그에 매일 올린 글들을 약간만 다듬어서 모으기만 해도 한 권의 책을 출간할 수 있다.

다섯 번째는 책이라는 것에 대한 거창함과 높은 진입 장벽이 이제는 매우 낮게 허물어졌다고 할 수 있다. 과거에는 엄청난 분들만이 책을 썼다. 하지만 이제는 심지어 중고등학생들도 자신의 이름으로 된 책을 쓰고 출간한다. 작가의 진입 장벽이 사라졌다.

여섯 번째는 누구나 마음만 먹으면 충분히 자비 출판이나 독립 출판, 이북 출판을 할 수 있는 문명과 과학의 편리함과 혜택을 마음껏 누릴 수 있는 시대이기 때문이다. 이 시대는 과거보다 훨씬 더 풍요로워졌고, 윤택해졌다."

_ 김병완, <한 달에 한 권, 퀀텀 책 쓰기> 중

그렇다. 책 쓰기가 이렇게 편하고 좋은 시대는 역사상 없었다.

아이의 인생을 업그레이드시키는 것은 공부가 아니라 책 쓰기이다. 그러므로 책 쓰기 혁명을 통해 아이의 인생을 눈부시게, 혁명처럼 바꾸어 보자. 이 책을 읽는 부모님에게 한 가지 더 이야기하고 싶다. 아이들도 중요하다. 하지만 정작 책 쓰기 혁명에 먼저 동참해야 할 사람은 자녀가 아닌 부모다.

부모들이여, 책 쓰기를 통해 달라진 인생을, 삶을 살아본 적이 있는가? "그런 삶이 도대체 어디 있느냐?"라고 반문할지도 모르지만, 당신이 아는 대부분의 성공한 사람이 쓰기를 통해 인생이 달라진 사람들일 가능성이 크다. 성공한 정치가들, 기업가들, 학자들은 모두 책 쓰기 혁명을 통해 쓰기의 달인이 되었다. 그리고 그 과정에서 자신과 자신의 인생을 한두 단계 더 격상시켰다. 당신도 늦기 전에 쓰기 수련에 동참할 것을 권유한다.

쓰는 자가 성공하고 인생을 풍요롭게 업그레이드할 수 있다. 행복해지고 싶고, 성공하고 싶다면 먼저 책 쓰기를 시작하라. 성공이니 행복이니 하는 거창한 목표가 없더라도 인생을 잘 살아가기 위해서 책 쓰기는 꼭 필요함을 말해주고 싶다.

"나는 머지않아 사라지겠지만 책은 영원히 남을 것이다."

〈로마제국쇠망사〉의 작가인 에드워드 기번의 이 말은 책 쓰기가 우리에게 안겨주는 선물 중에서도 영원성에 대한 이야기다. 책을 쓰면 그 책은 영원히 남는다.

당신이 자녀에게 원하는 것이 있다면, 그것을 얻어내기 위해서는 아무리 자녀를 위대한 공부의 신, 위대한 독자로 만든다고 해도 이루리라 장담할 수 없다. 하지만 책을 쓰는 작가가 되면, 평범한 저자라도 이야기는 달라진다. 당신은 최소한 어떤 자질을 얻어낼 기회를 자녀에게 제공한 셈이 된다. 어떤 인생이 자녀에게 더 좋은 인생, 풍요로운 인생, 나은 인생을 만들어주겠는가?

그러므로 지체 없이 지금 당장 쓰라. 부모가 먼저 책 쓰기를 시작해보라. 부모의 인생이 달라지면, 아이는 저절로 따라 할 것이다. 아이는 부모의 거울이다. 부모의 모습을 그대로 흉내낸다. 그러므로 책 쓰기 혁명에 아이들만 동참시키려고 해서는 안 된다. 부모가 먼저 솔선수범해야 한다.

저자는 독자의 수준과 한계를 뛰어넘으므로, 독자와 저자의 차이는 명확하다. 그러므로 당신의 자녀가 저자가 되도록 이끌어보자.

행복과 성공으로
가는 마중물

책 쓰기는 영혼을 새롭게 창조한다. 힐링 이상의 크리에이티브인 셈이다. 책 쓰기는 스스로를 표현하는 행위이며, 행복한 감정과 성공으로 가는 발판을 마련하는 과정의 일부다. 책 쓰기 자체가 감사이며, 행복이며 성공이다.

필자는 〈한 달에 한 권, 퀀텀 책 쓰기〉에서 이렇게 적었다.

"유명한 작가들이 책 쓰기는 영혼을 치료하는 치료사라고 말한다. 그런 작가들 중의 한 명이 바로 캐슬린 애덤스다. 그는 매일 일기 쓰기를 통해 영혼을 치료하는 임상문학치료사. 작가이기도 한 그는 자신의 책 〈저널치료〉라는 책을 통해, 재미있는 표현을 사용했다.

'이천 원짜리 치료사'라는 표현이다. 그가 사용한 재미있는 표현인 '이천 원짜리 치료사'는 누구를 의미하는 것일까? 그 치료사는 바로 스프링노트에 매일 쓴 자신의 글쓰기를 의미한다.

'나는 거의 30년 동안 동일한 치료사에게 치료를 받고 있다'라는 문장으로 시작해서 그는 말한다. 이 치료사는 1년 365일 자신을 위해 대기하고 있고, 휴가도 30년 동안 간 적이 없고, 하루 24시간 언제든지 이용할 수 있고, 이 치료사에게 무슨 이야기라도 거리낌 없이 할 수 있고, 표현 방식으로 소리를 쳐도 되고, 몸부림을 치거나 통곡을 해도 상관없고, 격분을 해도 좋다고 한다. 더 중요한 사실은 이렇게 이상적인 치료사의 상담비용이다. 돈을 전혀 받지 않는다는 것이다. 단 스프링 노트와 같은 필기도구만 있으면 된다는 것이다. 캐슬린 애덤스는 이상적이고 효과적인 치료사라고 글쓰기를 지칭한 것이고 아주 재미있게 비유한 글을 썼던 것이다. 글쓰기는 영혼을 치료해주는 치료사라고 말이다."

하지만 이제는 이 내용을 수정하고 싶다. 책 쓰기는 영혼의 치료사 그 이상이다. 책 쓰기는 영혼을 재창조한다. 책 쓰기는 영혼을 새롭게 창조하는 마법이다.

"책 쓰기로 인생이 달라질까? 책 쓰기로 삶이 바뀔까? 책 쓰기로 내 영혼이 치료될까?
천만의 말씀, 만만의 말씀! 책 쓰기는 그 이상이다. 책 쓰기는 마법과 같고, 기적과 같은 힘을 가지고 있다. 책 쓰기로 인생이 달라지는 것이 아니라, 새로운 인생이 창조되는 것이다. 책 쓰기로 삶이 바뀌는 것이 아니라 눈부신 새로운 삶이 창조되는 것이다. 그것도 자신이 원하는 삶으로 말이다. 책 쓰기로 영혼이 치료되는 것이 아니라, 당신이 원하는 강하고 멋진 영혼이 창조되는 것이다."

_ 김병완, <한 달에 한 권, 퀀텀 책 쓰기> 중

책 쓰기를 하면 인생이 달라진다. 책 쓰기를 하면 삶이 바뀐다. 책 쓰기를 하면 영혼이 치료될 뿐만 아니라 재창조된다. 당신이 상처를 입었다면 책 쓰기를 시작하라.

책 쓰기의
10가지 유익함

그렇다면 책 쓰기가 주는 유익함은 무엇일까? 너무나 많고 방대하지만, 그중에서도 정말 중요한 것 10가지를 말해보겠다.

첫째. 책을 쓰면 인생의 눈부신 변화가 시작된다. 책을 쓰기만 하는 데 벌써 인생의 변화가 시작된다.

둘째. 졸업장이나 자격증 없이 지금 당장 바로 시작할 수 있다.

셋째. 자신의 이름으로 된 한 권의 책은 아주 든든한 사업자본이며, 최고의 홍보 마케팅 수단이다. 최고의 자기 소개서, 퍼스널 마케팅 수단이다. 자신의 이름으로 된 한 권의 책이 수천만 원 이상의 홍보 효과를 낸다. 필자의 책 중 한 권이 교보문고에서 자기 계발 분야 1위를 몇 개월간 했을 때, 3년 동안 홍보와 마케팅을 따로 한 것보다도 더 많은 홍보와 마케팅이 되었다.

넷째. 작가대중화 시대에 하지 않으면 뒤처지고 하면 앞선다. 자신의 가치를 드높일 최고의 유일무이한 수단이다.

다섯째. 한 권의 책으로 사회적으로 강력한 권위를 준다. 하버드 대학교의 졸업장보다도, 자신의 이름으로 된 책이 주는 권위가 크다.

여섯째. 인세뿐 아니라 강연이나 1인 기업가, 전문가로 부가적인 수익과 명성을 얻을 수 있다.

일곱째. 직장 생활이라는 현대판 노예 생활에서 벗어날 수 있다. 한정된 공간과 출퇴근 시간, 업무 시간이라는 제한된 시간에서 벗어날 수 있다.

여덟째. 생각을 정리하고 명료하게 만든다. 복잡다단한 세상과 사건을 명료하게 정리해주는 신비한 마력이 있다.

아홉째. 통찰력, 분별력, 사고력이 향상된다. 그래서 세상과 자신을 더 정확하게 이해하고 판단할 수 있다.

열째. 논리적 사고뿐에 새로운 생각을 만들어내는 창조성까지 길러준다.

탁월함은 어떻게 끌어내는가? 확실한 방법은 없지만 한 가지는 분명하다. 엄청나게 많이 쓰지 않고서 탁월한 글을 써낼 가망은 없다. 상당수는 나쁜 글이 될 것이다. 방대한 연습과 경험을 원한다면 지성이 잘 작동할 때만 글을 쓸 수 없는 노릇이다. 게다가 글쓰기에서 어떤 즐거움을 느끼지 못한다면 많이 쓸 수 없고, 나쁜 표현이 나올 때마다 움찔해서 쓰기를 멈추고 고치려고 해서야 즐거움을 맛볼 수 없다. 충분히 써야 그래도 탁월한 글을 써낼 가망이 있다.

- 피터 엘보의 <힘 있는 글쓰기> 중

제 8 장

아이를 위한 최소한의
글쓰기 기술

즐거운
글쓰기

최소한의
글쓰기 원칙

글쓰기의 대원칙은 하나다. 그것은 절대 "글을 꾸미지 말라"는 것이다. 글은 뜻을 전달하는 것이다. 아이들이 책 쓰기를 시작할 때 꼭 필요한 최소한의 글쓰기 원칙은 문장을 꾸미지 말라는 것이다. 공자는 〈논어〉에서 말했다.

"말이나 글은 뜻을 전달하면 그만이다."

글은 말이다. 어떤 작가들이 글짓기가 아닌 '말 짓기'를 강조하는 이유도 글로써 표현하고자 하는 것이 마음이요 생각이기 때문이다. 그렇다면 글은 말과 같다.

자신의 마음과 생각을 잘 표현하는 최소한의 원칙은 제대로 전달하는 것이다. 그런 점에서 문장은 전달이다. 그래서 프랑스의 소설가이자 실존주의 철학자인 장 폴 사르트르도 분명하게 다음과 같이 말했다.

"문장은 꾸밀 필요 없다. 문학을 경계할 것, 펜 가는 대로 써야 한다."

_ 사르트르, 〈구토〉 중

이런 말은 동양의 현인이었던 공자뿐 아니라, 동서양의 고전들에 동일하게 나온다. 기교나 꾸미는 것을 경계하는 말이 많은 것인데, 〈채근담〉에도 나온다.

"문이졸진(文以拙進): 글은 졸함으로써 나아간다."

한마디로 문장으로 기교를 자랑하는 사람보다 서툴지만 꾸미지 않고 계속 쓰는 사람의 실력이 더 크게 는다는 말이다. 문장을 꾸며서 사람들의 눈과 귀를 즐겁게 하고, 매혹하는 데 힘쓰는 일을 경계하라고 직접적으로 말하는 책도 있다.

"오늘날 글 쓰는 사람들은 오로지 문장 구절에만 힘을 써서 사람의 귀와 눈을 즐겁게만 한다. 사람을 즐겁게 하니 배우가 아니고 무엇이겠는가."

_ 〈근사록〉 중

무엇이든 너무 꾸미면 알맹이보다 포장이 화려해지고, 배보다 배꼽이 커진다. 너무 꾸미면 내용은 모호해지고, 전달이 어렵다. 그래서 필자는 간결하게 쓰는 것이 제일 좋은 방법이라고 입이 닳도록 말해왔다. 기교를 부리되 기교를 감출 수 있는 사람, 꾸밈이나 고심의 흔적이 없는 작품을 쓰는 사람이 고수다.

조선 시대 문장가인 박지원이 만년에 지은 책 〈공작관문고자서〉를 보면 글에 대한 이러한 그의 탁견을 알 수 있는 대목이 나온다.

> "글이란 뜻을 나타내면 그만일 뿐이다. 제목을 놓고 붓을 잡은 다음 갑자기 옛말을 생각하고 억지로 고전의 사연을 찾으며 뜻을 근엄하게 꾸미고 글자마다 장중하게 만듦은, 마치 화가를 불러서 초상을 그릴 적에 용모를 고치고 나서는 것 같다."

여기서 나온 첫 문장이 '문이사의文以寫意'이다. 즉, '글이란 뜻을 나타내면 그만이다'라는 그의 명확한 문장철학을 여기서 알 수 있다.

최소한의
문장의 조건

또한 문장이 갖춰야 할 제1요건이자 최소한의 요건은 '명료함'이다.

"문장의 제1요건은 명료함이다."

_ 아리스토텔레스, <에우데모스 윤리학> 중

아리스토텔레스는 군더더기 없는 명료함이 문장의 최고 원칙이자 요건이라고 밝혔다.

"말로 할 수 있는 것은 명료하게 말하고, 말로 할 수 없는 것은 침묵해야 한다."

_ 비트겐슈타인, <논리, 철학논고> 서문 중

앞서 말했듯, 글을 쓴다는 것은 말을 대리하는 것이다. 그렇다면 글

쓰는 이들에게 요구할 단 한 가지 조건은 글의 명료함이 아닐까? 비트겐슈타인의 말처럼 간결하게 표현해서 분명하고 명료하게 하려면 평소 많이 생각해야 한다. 노벨문학상 수상작가인 알베르 카뮈도 덧붙였다.

> "분명하게 글을 쓰는 사람에게는 독자가 모이지만 모호하게 글을 쓰는 사람에게는 비평가만 몰려들 뿐이다."
>
> _알베르 카뮈

글은 전달만 잘 되면 최고다. 우리 아이들에게 가장 먼저 가르쳐야 할 문장 작법은 꾸미지 않고 명료하게 쓰게 하는 것이다. 간결한 문장은 긴 문장을 사용할 때 하기 쉬운 실수를 예방한다. 또, 독자가 문장을 이해하기 위해 기울여야 하는 시간과 노력을 절약해준다. 긴 문장은 뜻이 모호해지기 쉬워서 작가의 의도가 빗나가기 쉽지만, 짧은 문장에는 힘이 있고, 이 힘이 분명해져서, 아름다운 글이 된다.

> "간결한 문장은 아름답다."
>
> _유협, <문심조룡> 중

말하려는 주제나 내용을 잘 모를수록 설명하기 위해 많이 말한다. 제대로 모르기 때문이다. 그 점에서도 간결하게 말하는 사람들이 지혜로운 사람들이다.

"재주 없는 사람이 다 말해버리고, 재주 있는 사람은 말을 고르고 아낀다."

_ 퀸틸리아누스, <변론가의 교육> 중

"간결은 지혜의 정수다."

_ 셰익스피어, <햄릿> 중

여기에 퓰리처상을 만든 조셉 퓰리처의 조언을 추가하겠다.

"무엇을 쓰든 짧게 써라. 그러면 읽힐 것이다. 무엇을 쓰든 명료하게 써라. 그
러면 이해될 것이다. 무엇을 쓰든 그림 같이 써라. 그러면 기억 속에 머물 것
이다."

아이들에게 간결하게 쓰도록 지도하자. 간결하게 쓸수록 글을 읽는
독자도 좋아할 것이다. 이 사실을 반드시 명심하자.

재주 없는 사람이 말이 많고, 재주가 있으면 말을 아낀다. 간결한 글
은 문장의 절제를 뜻하며, 언어의 경제와도 관련이 있다. 어디서나 최
소한의 표현으로 최대의 효과를 거두는 사람이 고수다.

세계적인 문호 헤밍웨이도 최고의 문장 원칙으로 '짧은 문장 쓰기'
를 평생 지켰다. 그가 평생 지킨 글쓰기 원칙은 '짧은 문장을 쓰라, 짧은
단락을 쓰라. 확정적으로 쓰라. 박력 있는 글을 쓰라'는 것이었다.

술술 잘 읽히는
글을 쓰는 비결

아이들이 책을 쓸 때 가장 중요한 것은 누가 읽어도 내용전달이 잘 되게끔 쓰는 것이다. 여기에 술술 잘 읽히는 글을 쓰면 가장 좋다. 이것이 최소한의 책 쓰기 조건이다.

술술 잘 읽히는 글을 쓰는 최소한의 비결은 앞서 말했듯 문장을 '짧게' 쓰는 것이다. 즉, 지금 강조하고 싶은 것은 책 쓰기가 '문장을 짧게 쓰는 일'인만큼 그렇게 어렵고 힘든 일이 아니라는 사실이다.

앞서 말했듯, 문장을 짧게 쓰면 글이 명료해진다. 글이 명료해지면 자연스레 술술 읽힌다. 이것이 글쓰기의 최소한의 비결이다. 가장 훌륭한 문장은 명문이 아니라 짧고 간결한 문장, 정확한 문장인 것이다.

필자가 글쓰기 강의나 저자되기 프로젝트를 진행할 때 입이 아프도록 강조하는 것이 ① '짧게 쓰라'는 것, ② '정확하게 쓰라'는 것, ③ '분명하게 쓰라'는 것이다.

이 세 가지는 문장 쓰기의 최소한의 원칙이면서도 동시에 가장 중요한 원칙이다. 이것을 좀 더 간단하게, 그리고 분명하게 표현하여 문장의 3가지 원칙, 즉 3C 원칙이라고 한다.

우리 아이들의 책 쓰기에서도 이 3C 원칙을 최소한의 문장 쓰기 원칙으로 삼을 수 있다.

- ◆ Clear_ 명료하게, 분명하게 쓰라.
- ◆ Correct_ 정확하게, 올바르게 쓰라.
- ◆ Concise_ 간결하게, 짧게 쓰라.

위대한 철학자 아리스토텔레스는 〈수사학〉에서 우수한 표현 방법으로 명료함과 적절함을 제시했다. 로마의 수사가 퀸틸리아누스는 〈변론가의 교육〉에서 명문장의 요소를 네 가지로 정의했다. '정확성, 명확성, 적절성'은 필자와 같지만, 한 가지가 더 추가되었다. 바로 '우아함'이다. 필자는 앞의 세 가지는 동의하지만, 뒤에 한 가지에는 동의하지 않는다. 독자들이 스스로 판단해서 참조하기를 바란다.

고대 그리스의 델포이 신전에 새겨진 금언 중 하나를 보면, '가장 정확한 것이 가장 아름다운 것이다'라는 말이 나온다. 필자는 이 말이 참 좋다. 그래서 필자의 글은 분명하다. 그리고 인용이 많다. 인용이 많다는 것은 나를 가르쳐준 수많은 책들과 저자들을 존경한다는 의미이다. 그리고 필자의 배움의 근원이 무엇이며 어디에서 왔는지 하나하나 다 밝히는 것이다.

애매모호한 글이 가장 나쁘다. 글을 쓰려면 분명하고, 정확하고, 간결하게 쓰기 위해 노력하자. 그런 문장이 명문장이다.

영국의 작가 서머싯 몸의 〈서밍 업The Summing Up〉이라는 책에 나오는 아래의 구절을 읽으면, 간결하고 쉽고 분명한 글을 쓰기 위해 노력하고 싶을 것이다.

> "나는 독자에게 자기가 쓴 글의 뜻을 이해하도록 노력해달라고 요구하는 작가를 도저히 이해하지 못한다. 참지 못할 분노를 느낀다."

한마디로 쉽고 분명한 문장을 쓰라는 말이다. 이렇게만 써도 독자들의 만족은 말할 것도 없고, 우리 아이들은 굉장히 글을 잘 쓰는 아이가 된다.

질보다 양,
매일 쓰는 것이 중요하다

"어떻게 생각을 하지 않고 글을 쓸 수 있는가? 조리가 있는 글을 쓰려고 하지 말고 단지 종이에 낱말을 늘어놓기만 하면 된다. 지난날 나는 글을 쓰겠다면서 내내 생각만 하며 시간을 보내곤 했다. 무엇을 써야 할 것인지 생각하고, 어떻게 시작해야 할 것인지 생각하고, 이러면 안 되고 저러면 안 된다고, 생각하고 또 생각했지만 종이 위에서는 아무 일도 일어나지 않았다. 그 많은 생각을 했지만 아무것도 거둔 게 없었다. 생각하는 것은 글쓰기가 아니다. 글쓰기는 머리가 아닌 종이에 낱말을 늘어놓는 것이다."

_로버타 진 브라이언트, <누구나 글을 잘 쓸 수 있다> 중

매일 글을 쓰는 것이 가장 중요하다. 누구나 처음부터 좋은 글을 쓸 수는 없다. 글쓰기는 매일 밥 먹듯 해야 한다. 어떤 작가가 어느 날 아침, 여느 때와 같이 각종 비타민과 영양제를 먹다가 문득 이런 생각을

했다고 한다.

'이렇게 약을 챙겨 먹듯이 정기적으로 글을 썼다면
지금쯤 정말 훌륭한 작가가 되었을 텐데.'

이 말처럼 매일 글을 쓰면 그 사람은 머지않아 훌륭한 글을 쓸 수 있다. 그것은 자연의 평범한 이치다. 매일 달리기를 하는 사람을 생각하면 쉽게 이해할 수 있다.

평범한 사람이 처음부터 마라톤 구간을 다 완주할 수는 없다. 하지만 매일 마라톤을 한 시간씩 연습한다면, 이야기는 달라진다. 매일 마라톤을 쉬지 않고 한 시간씩 연습한 사람은 몇 개월 안에 남들보다 마라톤을 훨씬 더 잘하게 된다. 이 이치는 책 쓰기에도 적용된다.

즉, '나중에 시간이 나면 나도 책을 쓸 거야'라는 생각은 책 쓰기에 전혀 도움이 되지 않는다. 글을 쓰기 전에 완벽한 계획을 세우려고 고민하는 것도 마찬가지다.

일단은 질보다 양이다. 양이 중요하다. 양이 많아지면 질은 저절로 따라온다. 이 사실을 왜곡해서는 안 된다. 충분한 양의 훈련이나 연습도 없이 좋은 책을 저절로 쓸 수는 없기 때문이다. 일단 매일 쓰는 것이 중요한 이유는 양질전환의 법칙 때문이다. 하지만 더 중요한 사실은 매일 쓰는 과정을 통해 우리가 성장한다는 것이다.

매일 쓰는 사람은 날마다 성장하고 도약한다. 그것이 한 뼘 차이 정도라도 말이다. 하루에 한 뼘 차이가 1년이면 어마어마한 차이를 만들고, 10년이면 끝이 보이지 않을 정도의 격차를 빚는다.

매일 운동하면 건강이 좋아진다. 건강한 사람의 삶의 질은 좋아진다. 건강이 나빠서 매일 병원에 가야 하거나, 약을 먹어야 하고, 정기적으로 치료를 받아야 하는 경우에는 삶의 질이 급격히 떨어진다.

책 쓰기에도 이러한 원리가 그대로 적용된다. 매일 하지 않으면, 책쓰기의 질이 급격히 떨어진다. 반대로 매일 하면 강해지고 빨라지고 좋아진다.

〈천재는 이렇게 만들어진다〉라는 책에서는, 작가인 듀마, 셰익스피어, 바이런, 단테, 괴테, 스콧 등이 모두 하나의 공통점을 가지고 있다고 말한다. 그 공통점이란 것은 양질전환의 법칙을 잘 보여준다.

이들은 모두 많은 양의 작품을 빨리 쓰는 속필가다. 이는 우연의 일치가 아니다. 속필은 자연스럽게 다작으로 이어진다. '호러의 제왕' 혹은 '20세기 최고의 이야기꾼'이라고 불리는 스티븐 킹 역시 다작가다.

이러한 수많은 천재들이 다작가라는 의미는 이들이 엄청난 속도로 엄청난 양의 글을 쓰지 않았다면 이들의 필력 역시 그만큼 향상되지 않았을 것이라는 점을 반증한다. 즉, 글을 쓰면 쓸수록 사고력이 향상되고, 필력 또한 향상된다. 매일 글을 쓰는 사람이 훌륭한 작가가 되는 것은 너무나도 당연한 이치다.

바보 부모들은
항상 읽기만 강조한다

"바보들은 항상 읽기만 한다. 하지만 최고의 독서와 자기계발은 쓰기이다."

그렇다. 바보 부모들은 읽기만 강조한다. 하지만 훌륭한 부모는 쓰기를 함께 강조한다. 책 쓰기는 읽기를 다 포함하는 더 큰 공부이기 때문이다. 나 역시 바보 부모였다. 하지만 이제부터는 모두 읽기만을 강조하는 수준에서 벗어났으면 한다.

독서에 편중된 공부, 독서만 강조하는 한국 사회에서 우리 자녀들은 더 큰 인물로 도약할 수 있음에도 그렇지 못한다. 독서도 강조하면서 책 쓰기 역시 강조하고 중요시 여긴다면 우리 아이들은 우리보다 훨씬 더 크게 성장할 수 있다.

"책 쓰기 교육을 시키세요"라고 말하면 많은 부모가 한결같은 반응을 보인다.

"말도 안 되는 소리 하지 마세요. 책 쓰기가 무슨 교육이에요, 책 쓰기를 시킨다고요? 나도 하지 않았는데?"

매우 격앙된 반응이다. 하지만 우리의 1950년대 혹은 60년대를 생각해보자. 그때 우리의 의식 수준은 매우 낮았고, 심지어 북한보다 더 가난한 나라였다. 그 당시 부모들은 먹고사는 것이 가장 큰 해결 과제여서 공부는 사치에 불과했다. 그래서 자녀들, 특히 여자들에게 대학 교육을 시켜야 더 좋은 삶을 살 수 있다고 말하면, 대부분의 부모들이 격한 반응을 보였다.

'공부는 무슨 공부, 시집만 잘 가면 된다'는 반응이었다. 지금과 같은 지적 수준과 의식 수준의 가능성에 대한 깊은 이해와 생각이 없었기 때문이다. 하지만 지금은 그렇게 말하는 사람이 없다.

책 쓰기도 마찬가지다. 지금은 독서가 대세다. 독서만 중시한다. 독서만 일반적이다. 하지만 이제 곧 독서를 뛰어넘어 책 쓰기가 일반화되는 시대가 올지도 모른다. 솔직하게 '온다'고 단언할 수는 없다. 미래는 너무나 불확실하기 때문이다. 하지만 확실하게 말할 수 있는 것은 책 쓰기가 최고의 교육이라는 점이다. 그런 점에서 현명한 부모는 아이들에게 독서만 강요하지 않는다. 책 쓰기를 교육하고 함께 책을 쓴다.

결론적으로 말하면 '독서 → 초서 → 저서'의 순서가 가장 바람직하다. 초서는 독서와 책 쓰기의 중간 단계에 있는 독서 기술이자 책 쓰기 기술이다. 독서의 수준을 뛰어넘지만, 온전한 책 쓰기 수준보다는 한 단계 아래인 책 쓰기 기술이다. 초서에 대해서는 이미 여러 번 이야기해서 더 이상 언급할 이유는 없지만, 더 많은 것을 알고 싶은 독자들은 필자의 〈초서 독서법〉과 〈초의식 독서법〉이라는 책을 참고하기 바란다. 결국 쓰기도 병행해 책과 친해지는 사람만이 진정한 독서가고 책의 주인이다. 책은 읽기와 쓰기로 구성되어 있다. 왜 하나만 고집하는가? 다시 한번 기억하자. 책의 완성은 쓰기다. 책 쓰기를 통해 당당히 책의 주인이 되어라. 바보 부모에서 벗어나라. 독서에 편중된 공부만 가르치지 말고, 책 쓰기 공부도 가르치는 현명한 부모가 되어라.

그러기 위해서는 특히 먼저 씀으로써 정확하고 명료한 부모가 되는 것이 우선이다.

〈수상록〉의 저자 베이컨은 아래와 같은 중요한 사실을 말했다.

> "독서는 풍부한 사람을, 담론은 용의주도한 사람을, 글을 쓰는 것은 정확한 사람을 만든다."

당신 주위에 항상 말이 많고, 횡설수설하고, 요점이 무엇인지 몰라 대화가 통하지 않는 사람이 있는가? 그런 사람이 있다면 글쓰기를 시작해야 한다. 정확한 사람이 되고자 한다면 글을 쓰는 것이 가장 좋은 방법이다.

특히 당신이 부정확한 부모이고, 애매모호한 관점을 가진 부모라면 아이들이 자라며 얼마나 힘들겠는가? 그러니 일단 부모가 먼저 책 쓰기를 통해 정확한 사람이 되어야 한다. 말을 아무리 많이 해도 정작 행동이 부정확하거나 상황에 따라 처세가 심하게 다른 부모가 있다. 스스로 정확한 부모가 되지 못한다면, 매일 다람쥐 쳇바퀴처럼 자녀에게 했던 잔소리를 수십 번 반복해서 하기 마련이다. 이것은 자녀에게 큰 고통이다. 큰 고통을 주는 부모가 되지 말아야 한다. 정확한 부모는 잔소리하지 않는다. 잔소리를 하지 않아도 이미 자녀에게 정확한 말을 정확하게 전달하기 때문이다.

어떻게 쓰느냐는 그 자체로 하나의 학문이며 하나의 길이다. 하나의 학문이고 길인 책 쓰기는 그 자체로 천국이다. 책 쓰기를 통해 천국을 경험하느냐 지옥을 경험하느냐는 책 쓰기를 어떻게 하느냐에 달려있다.

- <김병완의 책 쓰기 혁명> 중

제 9 장

아이를 위한 최소한의
책 쓰기 4단계 기술

즐거운 글쓰기

제1단계:
주제 선정의 기술

아이들이 쉽게 따라 할 수 있는 책 쓰기 5단계 중 첫 번째 단계는 주제를 선정하는 것이다.

책 쓰기에서 가장 중요한 것은 순서를 지켜 쓰는 것이므로, 어떤 그림을 그릴 것인가를 먼저 선택하라. 약간 어려운 말로 하면 주제를 '구상'하라. 이때, 구상과 구성은 전혀 다르다.

먼저 전체적인 '구상'(전체적인 큰 그림을 그리는 것)을 하고, 그 구상의 핵심 내용인 주제를 정하라. 그리고 제목과 부제를 작성하면서, 전체적인 방향, 책의 콘셉트를 잡으면 된다.

아이들의 책 쓰기를 위한 최소한의 주제를 예시로 들어보겠다.

'초등학생이 빨리 책 쓰는 10가지 방법', '초등학생의 소확행', '초등학생이 공부를 가장 쉽게 하는 공부법 5가지', '초등학생 혼자서 홈스쿨링하는 법', '혹은 '초등학생이 1만 권 독서가가 되는 방법' 등이다.

물론 이것 말고도 얼마든지 주제를 선정할 수 있다. 하지만 주제를 선정할 때는 아이 스스로 쉽게 말할 거리가 있을 만한 주제를 선정해야 한다. 아이 스스로가 쉽게 고민하고 해결하고 찾아낼 수 있는 주제여야 한다. 가장 확실하게 책을 쓰는 법은 아이 스스로 자신의 경험과 의식 수준에서 주제를 선정하는 것이다. 그래서 책 쓰기 주제 선정의 가장 큰 원칙은 '삶의 경험'에서 찾는 것이다.

책 쓰기를 쉽게 하는 비결도 '주제 선정'에 있다. 그것은 주제를 최대한 구체적으로, 디테일하게 쪼개는 것이다. 두루뭉술하게 '공부 잘하는 법'이라고 정하는 것보다는 아주 디테일하고 구체적으로, 읽을 독자까지도 쪼개서 주제를 잡는 것이 훨씬 더 좋은 방법이다. 책의 주제는 무조건 '최대한' 구체적이어야 한다. 구체적일수록 작가와 독자 모두에게 좋다. 작가에게는 책을 훨씬 더 빨리, 더 잘 쓰게 하기 때문이고, 독자에게는 쉽게 책 내용에 이입하도록 하기 때문이다.

제2단계:
목차 작성의 기술

책의 전체적인 그림을 그리는 1단계의 구상이 끝났다면, 다음 단계는 건물로 비유하면 구체적인 설계도를 그리는 일이다. 이후 3, 4단계로 넘어가며 서문과 본문을 쓴다는 것은 건물의 각 층에 넣을 집기와 가구를 만드는 일이다. 그렇기에 먼저 2단계에서 '설계도를 완성'해야 한다. 그것이 바로 목차 구성 단계다.

목차 구성 시 조심해야 할 것은 바로 과유불급이다. 목차에 너무 많은 내용을 담으려고 하는 것은 욕심이다. 50% 이상은 빼야 한다. 그래야 책이 슬림해지고 보기 좋아진다.

아이를 위한 최소한의 책 쓰기 기술 2단계를 좀 더 과학적으로 진행하기 위해 필자는 버니스 매카시 박사의 4MAT 시스템과 사이먼 사이넥의 골든 서클 이론을 종합했다. 이것을 토대로, 3년 1만 권 독서 내공과 10년 100권 출간의 경험을 덧붙여서 목차 작성법을 만들었다. 그것이 바로 '2WIOS'다.

2WIOS 목차 작성법은 'WHY > WHAT > IF > HOW > CASE'의 순서를 지켜 목차를 만드는 것이다. 이는 아래와 같다.

목차의 1장에는 이유나 동기를 묻는 WHY에 관한 내용을 담는 것이 좋다.
2장은 책의 주제인 WHAT에 대해 말하는 것이 좋다.
3장은 책의 주장대로 하면 어떤 이익과 보상이 있는지, IF를 중심으로 서술하는 내용이면 좋다.
4장은 어떻게 하면 책의 주장을 삶에 적용할지 HOW를 이야기한다.
5장은 실제로 이 책의 주장대로 해서 성공한 CASE를 말하면 좋다.

꼭 이 순서대로 목차를 작성할 필요는 없지만, 이것이 어느 정도 독자가 책의 내용을 인지하고 빠져들도록 만드는 목차의 순서라는 점은 분명하다. 목차 작성 시 중요한 것은 무엇을 말하느냐보다 어떤 순서로 말하느냐. 한눈에 전체를 보게 만드는 목차 가독성의 중요성을 간과해서는 안 된다. 한마디로 한눈에 목차 전체가 보이게 하는 것이 좋은 목차 작성의 비결이다.

가독성 높은 목차를 작성하기 위해선 제목을 최대한 간결하게 작성하자. 핵심만 적고, 불필요한 꾸미기식 내용, 형용사, 부사는 전부 삭제하자. 물론 독자 중심의 목차와 감성적인 목차 작성도 비결이지만, 초등학생 단계에서는 이렇게 깊이 생각하기 어려울 것이다.

목차는 세 가지 S가 결정한다.

얼마나 짧은가Short? 얼마나 정확한가Sharp? 얼마나 단순한가Simple?

제3단계:
서문 작성의 기술

독자를 사로잡는 서문을 작성하기 위해 반드시 필요한 것이 있다. 서문에서 가장 중요한 부분은 어디일까? 바로 첫 문장이다. 책의 첫 문장으로 독자들은 큰 임팩트를 얻는다. 심지어 출판사 계약도 첫 문장에 의해서 많이 좌우된다.

서문을 쓸 때 가장 쉽게 범하는 실수는 결론을 뒤에 쓰는 것이다. 현대적 글쓰기는 달라야 한다. 결론부터 쓰고, 결론을 이야기하고, 결론으로 마무리 지어야 한다. 과거에는 서론, 본론, 결론 순으로 이야기했다면, 지금은 결론, 결론, 결론이어야 한다. 독자에게 글에 이입할 시간을 포함해 모든 시간이 많이 짧아졌기 때문이다.

결론부터 써야 하는 또 다른 이유는 그렇게 써야 글에 강력한 힘이 생기기 때문이다. 그러면서도 문장은 말하듯이 자연스럽게 써야 한다.

이것이 최고의 기술이다.

　서문은 독자에게 보내는 초대장이다. 자신의 책 안으로 초대하는 것이다. 서문을 작성할 때 필수적으로 지켜야 할 두 가지 조건은 하나는 누가 봐도 쉽게 이해하도록 쓰는 것이고, 또 하나는 문장을 짧고, 간결하게 쓰는 것이다. 말했듯, 짧고 간결하게 쓰면 읽는 사람이 이해하기 쉽다.

　서문의 도입부를 작성할 때 지켜야 할 기본 원칙은 바로 '독자의 호기심을 자극'하는 것이다. 호기심을 자극하지 못한다면 백문이 백해무익이다.

　또, 서문을 마무리하는 데에도 세 가지 방법이 있다. 첫 번째는 확신으로 마무리, 두 번째는 희망, 기대로 마무리, 세 번째는 사실과 주장으로 마무리하는 것이다.

제4단계:
본문 집필의 기술

아이의 책 쓰기 교육을 위한 마지막 단계는 본문 집필이다. 본문 집필을 할 때는 자유롭게 쓰는 것이 가장 중요하다. 자유롭되, 매일 하는 것이 중요하다. 그리고 어느 정도 숙달되고 습관이 되면, 좀 더 구체적인 책 쓰기, 본문 쓰기를 배우고 연습하는 것이 좋다.

처음부터 글쓰기 작법이나 책 쓰기 공식을 배워 적용하는 것은 부담감도 문제지만, 어리석은 행위이다. 글쓰기에도 개인에 따라 수준의 격차가 존재하기 때문이다.

처음에는 프리라이팅으로 쓰기를 추천한다. 그렇게 쓰면서 재미가 더해지면 아이 스스로 더 쓰고 싶은 갈급함이 생긴다. 그때 글쓰기 작법과 앞으로 나올 아래의 글쓰기 공식을 알려주는 것이 좋다.

본문 집필은 아이에게나 어른에게나 책 쓰기에서 배워야 할 최고 단계의 기술이다. 그러므로 아이의 수준에 맞게 프리라이팅을 시킨 후 그것을 충분히 즐기는 아이라면 프리라이팅만으로도 책을 써도 무방하다. 필자 역시 거의 프리라이팅으로 대부분의 책을 썼다.

그런데도 글쓰기 공식을 만들고 제시하는 이유는 글을 쓰는 사람마다, 아이마다 취향이 다르기 때문이기도 하지만, 책 쓰기를 한 번도 해보지 않았던 이들이 무엇을 어떻게 써야 할지 막막하게 생각하며, 답이 없음에도 자신은 틀렸다고 지레 겁을 먹기 때문이다. 그런 이들에게는 이렇게 글쓰기 공식과 문장 작법론을 공유하는 일이 큰 도움이 된다. 책 쓰기를 처음 하는 이들은 어느 정도 공식을 필요로 하며, 공식이 있을 때 훨씬 책 쓰는 일을 홀가분하게 생각한다.

일반적으로 글쓰기 작법에 통용되는 공식을 첨언하자면, 좋은 글쓰기는 세 가지에 답해야 한다. 그 세 가지는 "첫째, 무엇을, 둘째, 어떻게, 셋째 무엇을 제안할 것인가"에 답하는 글을 쓰는 것이다. 이 세 가지에 답하다 보면 자연스레 하나의 단락이 만들어진다.

여기서 살짝 부모들에게도 팁을 주자면 많은 책의 본문을 읽고 분석하다 보면 아래와 같은 대표적인 8가지의 본문 유형을 접할 수 있다. 이것을 참고한다면 본문 쓰기가 훨씬 더 쉬워질 것이다.

① 현상을 제시하고, 원인을 설명한 뒤 해결책을 말한다.

② 질문한 뒤, 답하고, 자신의 주장을 전개한다.

③ 스토리를 제시하고 분석한 뒤, 자신의 주장을 전개한다.

④ 개인적인 경험을 이야기, 분석한 뒤, 자신의 주장을 펼친다.

⑤ 역사적 사실을 말하고, 분석한 뒤, 자신의 주장을 말한다.

⑥ 연구 결과를 이야기하고, 분석한 뒤, 자신의 주장을 펼친다.

⑦ 신문 기사나 뉴스를 이야기하고, 분석하고, 주장이나 제안을 한다.

⑧ 비판하고, 그 이유를 말하고, 뒷받침할 수 있는 근거를 제시한다.

물론 위는 대표적인 유형으로, 본문의 유형은 수도 없이 많다. 〈총균쇠〉의 저자 재레드 다이아몬드 교수는 항상 질문하고 그것에 답변하면서, 근거와 이유를 제시하고, 결론을 주장하는 유형의 본문 쓰기를 좋아했다.

김병완 칼리지에서는 더 나아가 '중요한 본문 쓰기 5단계 공식'을 만들었다. 바로 〈칼리지 글쓰기 맵〉이라는 공식이다. 이 공식의 이름은 'MRCHA'다.

먼저 설득력 있는 본문에는 아래의 5가지 요소가 있어야 하며, 반드시 해당 순서대로 배열해야 한다.

스텝 1. Message: 핵심 메시지(결론) 제시

스텝 2. Reason: 근거와 이유 제시

스텝 3. Case: 사례 증명

스텝 4. How: 방법 및 솔루션 제시

스텝 5. Assertion: 제안과 주장

특별히 정해진 순서대로 써야 하는 이유는 동일한 내용이더라도 사람은 순서에 따라 다르게 인식하기 때문이다. 즉, 설득력 있는 본문의 필요충분조건이 완성되면 바로 이런 모습이다.

첫 번째. 핵심 메시지, 즉 결론을 먼저 주장한다.

두 번째. 그 주장에 이유와 근거를 제시한다.

세 번째. 사례로 증명한다.

네 번째. 주장에 대한 솔루션을 제공한다.

다섯 번째. 핵심을 거듭 주장하면서 강력한 제안을 한다.

기억하자. 책의 본문을 쓴다는 것은 독자를 설득한다는 의미임을.

아래의 도식화된 공식을 참고하여 본문을 집필하면 훨씬 더 설득력 있는 본문을 집필할 수 있을 것이다.

또, 여기에 더할 팁이 있다. 독자를 잡고 끌어당기는 문장의 7가지 요소는 참신함, 역설, 유머, 놀라움, 비범함, 흥미로움, 질문이다.

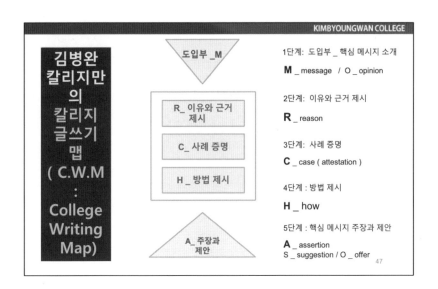

김병완
칼리지만
의
칼리지
글쓰기
맵
(C.W.M
:
College
Writing
Map)

도입부 _M

R_ 이유와 근거
제시

C_ 사례 증명

H _ 방법 제시

A_ 주장과
제안

1단계: 도입부 _ 핵심 메시지 소개

M _ message / O _ opinion

2단계: 이유와 근거 제시

R _ reason

3단계: 사례 증명

C _ case (attestation)

4단계 : 방법 제시

H _ how

5단계 : 핵심 메시지 주장과 제안

A _ assertion
S _ suggestion / O _ offer

47

번외:
본문 집필의 심화기술

본문을 쓸 때 필요한 몇 가지 전략을 더 이야기하자면, '첫 문장의 전략'이 있다.

첫 문장의 가장 중요한 역할은 호기심을 유발하는 것이다. 첫 문장에서 독자의 호기심을 유발하지 못하면, 두 번째, 세 번째 문장이 읽힐 확률은 급격하게 떨어진다.

특히나 초심자에겐 본문 쓰기에도 전략이 필요하다. 책을 많이 써본 사람은 특별한 전략이 없어도 본문을 잘 쓴다. 하지만 유독 힘들어하는 저자들과 본문을 아무리 써도 책 한 권 분량이 완성되지 않는다고 하소연하는 수강생들에게 제시하는 본문 쓰기 팁이 있다. 바로 책 한 권을 집필하기 위한 방법인 '문장방적술'이다. 필자는 이것을 'SECCT'라고 부른다. 한 권의 책을 보면 작은 목차들이 20~30개 정도 된다.

더 많은 책도 있고, 적은 책도 있지만, 평균적으로는 그렇다.

그 소목차를 하나의 덩어리(중심 주제)라고 생각하고, 중심 주제에 대한 이야기Story, 증거Evidence, 사례Case, 결론Conclusion, 생각과 주장Thought 을 독립적으로 뽑아서 본문을 쓰고, 그것을 이어 놓기만 하면 한 권의 책이 된다.

이렇듯 책 한 권 분량의 글을 쓰는 일이 어렵다면 도식적으로 접근하면 그렇게 어렵지 않다. 여기에 동양 고전이나 서양 고전의 이야기도 인용하면 본문 분량이 급격하게 늘어난다. 영화나 책 이야기를 더해도 좋고, 신문 기사나 뉴스거리도 더하면 좋다.

문장방적술을 이용하면 책 한 권 분량도 쉽게 쓸 수 있다. 실제로 도움이 된다는 수강생들이 많았다. 아마 책 쓰는 아이들에게도 큰 도움이 될 수 있겠다는 생각이 든다. 본문을 다 쓰고 나서, 아니면 쓰는 과정에서 부모들이 우리 아이들의 본문을 평가해주고 지도해줄 필요는 있기 때문에 기준점으로 삼아도 좋다.

어른의 기준에서는 좋은 본문과 나쁜 본문이 엄격하게 존재할 테지만 부모들이 절대 해서는 안 되는 것이 있다. 바로 문장력에 대한 평가다. 부모들이 아이들의 책 쓰기에서 평가해야 하는 부분은 '얼마나 문장을 잘 썼느냐'가 아니다. 즉, 부모가 선생이 되어 평가하지 말라는 것이다. 우호적인 독자가 되어, 본문이 독자를 자극하고 독자를 움직이게 하고 독자를 만족시켜 주는지를 평가해야 한다. 그것이 아이를 잠재적인 작가로 기른다. 독자로서의 부모 역시 아이의 책을 읽었을 때 호기심을 느끼고 자극을 받는다면, 그 책 쓰기는 잘한 것이다. 본문 평가의 기준은 철저하게 독자여야 하며, 아이의 책 쓰기에는 우호적이고 즐거운 평가가 필요하다.

아이는 쓰는 만큼
창조적이 된다

아이의 진짜 공부가 시작되는 초등학교!

공부를 잘하는 아이로 만들 것인가? 인생을 잘 사는 아이로 만들 것인가?

이제는 공부를 뛰어넘는 진짜 공부가 필요하다. 그리고 그 답은 바로 책 쓰기 교육에 있다. 우리는 지금까지 잘못 생각했다. 독서에 편중돼 있어도 읽기만 하면 최고가 될 수 있으리라고 생각했다. 그것이 유일한 답이라고 생각했다. 하지만 독서 교육을 뛰어넘는, 또 다른 공부의 길이 있다. 바로 책 쓰기 교육이다.

아이는 우리가 길을 잡아주는 대로 만들어진다. 감성도 없는 지식인으로 만들 것인가? 지식만 꽉 차있고 어떤 문제도 해결 못 하는 고학력자로 만들 것인가? 스스로 생각하는 힘을 지는 성숙한 어른으로, 창조적인 리더로, 사고력이 뛰어난 학자로 만들 것인가? 선택은 부모의 몫이다. 부모의 선택에 따라 아이의 인생은 완전히 달라진다.

이 책에서는 관점을 새로 제시하려 했다. 기존의 공부로는 한계가 있기 때문이다. 우리 아이들이 주입식 교육에서 벗어나 인생을 어떻게 살아가야 하고, 어떤 사고력을 가지고, 어떤 자세로, 어떤 목표를 설정해서, 어떤 자세로 하루하루 살아가야 할지 새로운 방법론을 제시하고 싶었다.

아이들은 스스로의 인생을 스스로 생각하는 힘을 통해 찾아야 한다. 그 점에서 스스로 생각하는 힘을 길러주는 책 쓰기 교육은 중요한 인생의 변곡점이 될 것이다.

독서만으로는 부족하다. 필자의 주장은 하나다. 이미 하버드 대학교에서는 150년 전부터 중시해온 '책 쓰기 교육'을 우리도 광범위하게 시행하자. 하버드 대학교의 설립 목표 중의 하나가 책을 잘 읽고, 잘 쓰는 성직자와 리더를 만드는 것이다. 한국의 교육은 잘 읽고 이해하는 측면에만 너무 편중되어 있으므로, 이는 장기적인 관점에서 효용성이 떨어진다.

우리 아이들은 쓰는 만큼 창의적이 된다. 쓰는 만큼 성장하고 도약한다. 책 쓰기는 아이들을 정확하고 논리정연하며 유연한 인물로 만들어준다. 뛰어난 사고력과 표현력, 창의성을 길러 준다. 책 쓰기를 통해 위대한 인물들이 많이 탄생했다는 사실로 이미 실감했을 것이다.

다산 정약용, 마키아벨리, 링컨, 레오나르도 다 빈치, 세종대왕, 피터 드러커, 앨빈 토플러… 우리 아이들을 이렇게 위대한 인물로 성장시키고 싶지 않은가? 이들은 모두 쓰기를 남들보다 많이 했고, 더 중요하게 생각했고, 결국 잘했다.

어른이 되어서 책 쓰기를 시작하는 것도 물론 훌륭한 일이지만, 초등학교 때 남들보다 먼저 시작하면 아이의 상상력과 사고력은 더 월등히 높아진다. 지금부터 책 쓰는 아이를 만들어보자. 그 어떤 주입식 공부보다 더 큰 공부를 만나는 소중한 시간이 될 것이다.

독서는 풍부한 사람을, 담론은 용의주도한 사람을,
글을 쓰는 것은 정확한 사람을 만든다.

- 프랜시스 베이컨의 <수상록> 중

부 록

김병완 칼리지
문장 쓰기 10계명

즐거운
글쓰기

대한민국 넘버원 책 쓰기 학교 김병완 칼리지
3년 1만 권 독서, 10년 100권 출간, 8년 500명 작가 배출 책 쓰기 학교

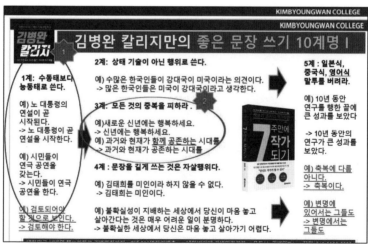

무단 유포 및 사용은 법적처벌을 받습니다.

● 아이의 평생공부를 결정짓는 초등 책 쓰기 혁명 ●

대한민국 넘버원 책 쓰기 학교 김병완 칼리지
3년 1만 권 독서, 10년 100권 출간, 8년 500명 작가 배출 책 쓰기 학교

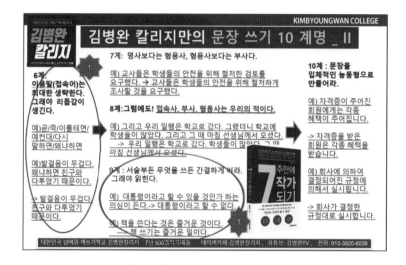

무단 유포 및 사용은 법적처벌을 받습니다.

KIMBYOUNGWAN COLLEGE

10계명 중 가장 중요한 계명

1계명:수동태가 아닌 능동태로 쓰라.

대통령의 연설이 곧 시작된다

→ **대통령이 곧 연설을 시작한다.**

7

KIMBYOUNGWAN COLLEGE

10계명 중 가장 중요한 계명

3계명: 모든 것의 중복을 피하라.

간단히 요약하면 독서는 반드시 필요한 것이다. →

8

무단 유포 및 사용은 법적처벌을 받습니다.

대한민국 넘버원 책 쓰기 학교 김병완 칼리지
3년 1만 권 독서, 10년 100권 출간, 8년 500명 작가 배출 책 쓰기 학교

10계명 중 가장 중요한 계명

3계명: 모든 것의 중복을 피하라.

간단히 요약하면 독서는 반드시 필요한 것이다.

→ 요약하면 독서는 필요한 것이다.

9

10계명 중 가장 중요한 계명

6계명:접속어를 최대한 생략한다.

발걸음이 무겁다. 왜냐하면 친구와 다투었기 때문이다.

→

10

무단 유포 및 사용은 법적처벌을 받습니다.

10계명 중 가장 중요한 계명

6계명:접속어를 최대한 생략한다.

발걸음이 무겁다. <u>왜냐하면</u> 친구와 다투었기 때문이다.

→ 발걸음이 무겁다. 친구와 다투었다.

11

10계명 중 가장 중요한 계명

9계명:무엇을 쓰든 간결하게 쓰라.

책을 쓴다는 것은 즐거운 것이다.
→

12

무단 유포 및 사용은 법적처벌을 받습니다.

대한민국 넘버원 책 쓰기 학교 김병완 칼리지
3년 1만 권 독서, 10년 100권 출간, 8년 500명 작가 배출 책 쓰기 학교

무단 유포 및 사용은 법적처벌을 받습니다.

문장 쓰기의 실제 사례

최종
점검

고수가 될 수 있는 가능성이 얼마나
되는 걸까?

→

15

문장 쓰기의 실제 사례

고수가 될 수 있는 가능성이 얼마나
되는 걸까?

→ 고수가 될 가능성이 얼마나 되는
걸까?

16

무단 유포 및 사용은 법적처벌을 받습니다.

대한민국 넘버원 책 쓰기 학교 김병완 칼리지

3년 1만 권 독서, 10년 100권 출간, 8년 500명 작가 배출 책 쓰기 학교

KIMBYOUNGWAN COLLEGE

문장 쓰기의 실제 사례

당신이 느낄 수 있었던 불안은
사건의 중대성 때문이다.

→

17

문장 쓰기의 실제 사례

당신이 느낄 수 있었던 불안은
사건의 중대성 때문이다.

→ 당신이 느낀 불안은 사건의
중대성 때문이다.

18

무단 유포 및 사용은 법적처벌을 받습니다.

대한민국 넘버원 책 쓰기 학교 김병완 칼리지
3년 1만 권 독서, 10년 100권 출간, 8년 500명 작가 배출 책 쓰기 학교

문장 쓰기의 실제 사례

세상으로부터 단절되어 있는 부족
국가들

→

19

문장 쓰기의 실제 사례

세상으로부터 단절되어 있는 부족
국가들

→ 세상과 단절된 부족국가들

20

무단 유포 및 사용은 법적처벌을 받습니다.

● 아이의 평생공부를 결정짓는 초등 책 쓰기 혁명 ●

아이의 평생공부를 결정짓는
초등 책 쓰기 혁명

초판 인쇄 2020년 11월 16일
초판 발행 2020년 11월 23일

지은이 김병완
발행인 (주)플랫폼연구소 | **출판등록** 제 2020-000075 호

전화 010-3920-6036 / 02-556-6036 | **팩스** 050-4227-6427
이메일 pflab2020@naver.com

주소 서울특별시 강남구 역삼로 220 홍성빌딩 1층

ISBN 979-11-970672-9-7 (03000)

※ 이 책의 내용을 이용하시려면 반드시 저자와 본사의 허락을 받아야 합니다.
※ 잘못된 책은 구입처에서 교환하여 드립니다.